古典文獻研究輯刊

三六編

潘美月・杜潔祥 主編

第 19 冊

《讀易述》校證
（第一冊）

陳開林 著

國家圖書館出版品預行編目資料

《讀易述》校證（第一冊）／陳開林 著 -- 初版 -- 新北市：
花木蘭文化事業有限公司，2023〔民 112〕
目 4+158 面；19×26 公分
（古典文獻研究輯刊 三六編；第 19 冊）
ISBN 978-626-344-277-1（精裝）
1.CST：讀易述 2.CST：研究考訂
011.08   111022055

ISBN-978-626-344-277-1

古典文獻研究輯刊
三六編　第十九冊　　　　　　　　ISBN：978-626-344-277-1

《讀易述》校證（第一冊）

作　　者　陳開林
主　　編　潘美月、杜潔祥
總 編 輯　杜潔祥
副總編輯　楊嘉樂
編輯主任　許郁翎
編　　輯　張雅淋、潘玟靜　美術編輯　陳逸婷
出　　版　花木蘭文化事業有限公司
發 行 人　高小娟
聯絡地址　235 新北市中和區中安街七二號十三樓
　　　　　電話：02-2923-1455／傳真：02-2923-1452
網　　址　http://www.huamulan.tw 信箱 service@huamulans.com
印　　刷　普羅文化出版廣告事業
初　　版　2023 年 3 月
定　　價　三六編 52 冊（精裝）新台幣 140,000 元

《讀易述》校證
（第一冊）

陳開林　著

作者簡介

陳開林（1985～），湖北麻城人。2009 年畢業於重慶工商大學商務策劃學院，獲管理學學士學位（市場營銷專業商務策劃管理方向）。2012 年畢業於湖北大學文學院，獲文學碩士學位（中國古代文學先秦方向）。2015 年畢業於華中師範大學文學院，獲文學博士學位（中國古代文學元明清方向）。現為鹽城師範學院文學院副教授、江蘇省「青藍工程」優秀青年骨幹教師培養對象。主要研究元明清文學、經學文獻學。完成江蘇高校哲學社會科學基金項目「錢穆佚文輯補與研究」（2017SJB1529），在研國家社科基金後期資助「《古周易訂詁》整理與史源學考辨」（21FZXB017）。出版《〈全元文〉補正》《劉毓崧文集校證》《〈周易玩辭困學記〉校證》《〈純常子枝語〉校證》《杜詩闡》《陳玉澍詩文集箋證》《詩經世本古義》，並在《圖書館雜誌》《文獻》《中國典籍與文化》《古典文獻研究》《圖書館理論與實踐》《中國詩學》等刊物發表論文百餘篇，另有「史源學考易」系列、清代別集系列數種等待刊。

提　　要

　　宋元明清時期出現大量的纂注體《易》著，以徵引繁富而著稱。潘士藻《讀易述》之體例，焦竑稱「盡取諸家參究之，博考前聞，精思其義，而加折衷焉」，《四庫提要》稱「每條皆先發己意，而採綴諸儒之說於後」，雖書名不標「纂」、「集」等字樣，實質仍屬纂注體《易》著。該書刊行後，後世《易》著，諸如張次仲《周易玩辭困學記》、何楷《古周易訂詁》、錢澄之《田間易學》、查慎行《周易玩辭集解》對之多有徵引，足見其價值。

　　本書係《讀易述》的首個整理本，也是著者史源學考《易》系列七種之三。一、以明萬曆三十四年潘師魯刻本為底本，施以現代標點。二、以文淵閣四庫全書本為參校本，以見文本之異同。三、潘氏引錄他人之說甚多，用史源學之方法逐條查考潘氏引文，以明引文起止之斷限，孰為引文，孰為己說，一目了然。通過比勘引文與原出處文字，可糾正引文剪裁之訛誤。四、書中未標明係引文的部分，多為潘氏自撰，但部分內容或係引錄他人之說，而不注明；或係改換他人之說，敷衍而成，亦儘量一一查明，以見潘氏取材之來源。

江蘇高校「青藍工程」資助

目次

前　言

　　楊自平先生曾指出元代「許多《易》著採用纂注體形式」，並將其分為兩種表現類型：「一類是從體例明確標出，如李簡《學易記》直接標出『伊川曰』、『白雲』曰等」；「另一類則僅於書名標出『纂』、『集』的字樣，但體例卻未具體標明。」〔註1〕明清時期的一些《易》著，也採用了纂注體的形式，如張獻翼《讀易紀聞》、焦竑《易筌》、潘士藻《讀易述》、何楷《古周易訂詁》、張次仲《周易玩辭困學記》等。書中既有援引，又有己見；援引文字，或標舉出處，或不加說明。對於此一類易籍，只有通過史源學加以考察，做一番正本清源的工作，才能明確加以區分。

一、潘士藻及《讀易述》

　　潘士藻（1537～1600），字去華，號雪松，明代徽州婺源（今屬江西）人。萬曆十一年（1583）進士及第。《明史》卷二百三十四有傳，附於《李沂傳》後，所言甚簡。焦竑《澹園集》卷三十《奉直大夫協正庶尹尚寶司少卿雪松潘君墓誌銘》述其生平較詳細。另外，可參鄒元標《願學集》卷六《奉直大夫協正庶尹尚寶司少卿雪松潘公墓表》、袁中道《珂雪齋集》卷十七《潘去華尚寶傳》、黃宗羲《明儒學案》卷三十五《泰州學案四・尚寶潘雪松先生士藻》。著有《讀易述》、《闇然堂遺集》、《闇然堂類纂》等。

　　其中《讀易述》〔註2〕最為有名，後收入《四庫全書》。關於其撰《讀易

〔註1〕楊自平《元代〈易〉學類型研究》，臺大出版中心 2021 年版，第 10 頁。
〔註2〕學界關於潘士藻的研究較少，僅有郭翠麗《陽明後學潘士藻交友考》（《上饒師範學院學報》，2019 年第 5 期）。

述》，焦竑《讀易述序》稱：

> 余友潘去華刳心孔、孟之學，晚獨研精於《易》，仰思有得，時時私草其事緒正之。每就一章，未嘗不津津有味其言也。已而歎曰：「《易》如鴻鵠然，一人射之，不若合眾力之猶有中也。」乃盡取諸家參究之，博考前聞，精思其義，而加折衷焉。〔註3〕

袁中道《潘去華尚寶傳》稱〔註4〕：

> 自官尚寶時，署中無事，乃潛心玩《易》，每十餘日玩一卦。或家中靜思，或拜客馬上思之。不論閒忙晝夜，窮其奧妙。每得一爻，即欣然起舞，索筆書之。青衿疲馬，出入廛市，於於徐徐，都忘其老。

足見其對《周易》浸淫之久，沉醉之深，用力之勤。該書一名《洗心齋讀易述》，共十七卷，有明萬曆三十四年潘師魯刻本（收入《四庫提要著錄叢書》經部第4冊）、《四庫全書》本。

該書廣泛徵引前賢時彥的見解，漢宋兼採，同時鎔鑄己意，成就較為顯著。職是之故，後人對之多有援引。筆者另擬撰文探究。

二、《讀易述》諸失舉例

誠如焦竑所言，潘士藻撰《讀易述》時，「乃盡取諸家參究之，博考前聞，精思其義，而加折衷焉」，可見《讀易述》一方面迻錄前賢時彥的文字，一方面間下己意。徵引範圍頗為廣泛，上自先秦典籍，下至其朋輩，如李贄《九正易因》、程汝繼《周易宗義》等。《周易宗義》中亦大量引用潘士藻的見解，足見二人交往之情。

由於徵引繁富，在徵引過程中，同明清其他一些纂注體《易》著一樣，存在不少問題。筆者曾撰「史源學考《易》系列」七種，《讀易述》為第三種，運用史源學，對全書文字進行史源查考，找到其原始出處。茲拈出數例，加以辯證。

（一）誤引

卷五《復》上六：

〔註3〕載《讀易述》卷首。本文所引《讀易述》，均據明萬曆三十四年潘師魯刻本，下同。

〔註4〕袁中道《珂雪齋集》卷十七，上海古籍出版社1989年版，第728頁。

吳草廬曰：「『君道』謂初陽所復之仁也。『迷復』之『凶』，不
仁之甚者也。」

按：吳澄《易纂言》卷五《象上傳》：

「反」字與《彖傳》「剛反」、《同人·彖傳》「困而反則」、《序
卦傳》「窮上反下」、《古文尚書》「乃反商政」之反同。〔註5〕

與《讀易述》所引不同。檢季本《易學四同》卷三《象彖爻上傳》：

「反」，草廬吳氏以為與《彖傳》「剛反」之「反」同。「君道」
謂初陽所復初之仁也。「迷復」之「凶」，不仁之甚者也。〔註6〕

可見《讀易述》實據《易學四同》引文。但《易學四同》所謂「草廬吳氏
以為」，僅至第一句，其下為季氏之見解，而非吳澄之說。《讀易述》不察，故
有此誤。

又，《頤·象》：

先儒云：「禍從口出，患從口入。」故於頤養而慎節也。陳皋曰：
「言語者，禍福之幾；飲食者，康疾之由。動止得其道，身乃安頤。
苟禍患未免於身，何以養人？」

按：李衡《周易義海撮要》卷三《頤》：

先儒云：「禍從口出，患從口入。」正。言語者，禍福之幾。飲
食者，康疾之由。動止得其道，身乃安頤。《子》。禍患未免於身，何
以養人？陳皋。〔註7〕

《正》乃《正義》，《子》乃《子夏易傳》。此處未細究原文下之標注，誤
將《子夏易傳》之說當作陳皋之說。

（二）張冠李戴

卷六《恒》九四：

胡旦曰：「以陽居陰，不正也。位又不中。不中不正，而居大臣
之位，是無德而忝位者，故為治則教化不能行，撫民則膏澤不能下。」

按：引文見李衡《周易義海撮要》卷四《恒》。《周易義海撮要》引胡瑗、胡旦
之說頗多，省稱「胡」，易造成混淆。檢胡瑗《周易口義》卷六《恒》：

今九四以陽居陰，是不正也。位不及中，是不中也。不中不正，

〔註5〕吳澄《易纂言》，齊魯書社2006年，第393頁。
〔註6〕季本《易學四同》，明嘉靖四十年（1561）刻本。下同。
〔註7〕李衡《周易義海撮要》，上海古籍出版社1989年版，第92頁。

不常之人也。以不常之人而居大臣之位，是無德忝位者也。至於為治則教化不能行，至於撫民則膏澤不能下，是猶田獵而無禽可獲也。〔註8〕

可見此實為胡瑗之說，而非胡旦之說。

又，卷十四《繫辭下傳》：

> 項氏曰：「德之薄，知之小，力之少，皆限於稟而不可強，聖人豈厚責以自能哉？責其貪位而不量己，過分而不能勝任爾。量力而負，其人不跌；量鼎而受，其足不折。今鼎足弱而實豐，有不折足、覆公餗者乎？自取之也，餗何辜焉。」

按：此節非項安世之說，實改換楊萬里之說。《誠齋易傳》卷十八《繫辭下》：

> 德之薄者尚可積而厚，知之小者不可強而大，力之少者不可勉而多，聖人亦豈責天下之人皆德厚而不薄、皆知大而不小、皆力多而不少哉？責其貪位而不量己，過分而不勝任耳。量力而負，其人不跌；量鼎而受，其足不折。今也鼎足之弱而鼎實之豐，有不折己之足、覆人之餗、敗己之身者乎？足之折、身之敗，自取之也；餗之覆，彼何辜焉？〔註9〕

兩相比勘可知。

其後錢澄之《田間易學・繫辭下傳》：

> 項平菴曰：「德之薄，知之小，力之少，皆限於所稟而不可強，聖人豈厚責以不能哉？責其貪位而不量己，過分而不能勝任耳。」〔註10〕

查慎行《周易玩辭集解・下繫傳》〔註11〕：

> 項平甫曰：「德之薄，知之小，力之少，皆限於稟而不可強，聖人豈厚責以不能哉？責其貪位而不量己，過分而不能勝任耳。

均據《讀易述》錄文而不察其誤。

（三）連引數人，僅標一人

卷四《剝》上九：

〔註 8〕胡瑗《周易口義》，楊軍主編《十八名家解周易》第五輯，長春出版社 2009 年版，第 389 頁。

〔註 9〕楊萬里《誠齋易傳》，九州出版社 2019 年版，第 258～259 頁。

〔註 10〕錢澄之《田間易學》，黃山書社 1998 年版，第 677 頁。

〔註 11〕查慎行《周易玩辭集解》，《查慎行集》第 1 冊，浙江古籍出版社 2018 年版，第 368 頁。

　　　　劉牧曰：果不見食者，葉為之蔽。上九不見食，三、五為之蔽。

　　　六三應上九，而寧失群陰之心。六五比上九，而率群陰以求一陽之

　　　寵。一陽之功大矣。

按：經過考索可以發現，劉牧之說至「三、五為之蔽」結束，以下部分引自吳

澄《易纂言》卷一《剝》。

又，卷五《大畜》六四：

　　　　述曰：彭山曰：牛，陰物，六之象也。六四為艮之初，童牛之

　　　象。牿即《詩》所謂「輻衡橫木」，於牛角以防其觸也。自畜者，言

　　　六四柔而得正。童牛未角之時而即牿之，牛習於牿而忘其觸焉，所

　　　以消融血氣而畜之易也。惟四有順正之德，故大善而吉。《象》曰：

　　　「六四元吉，有喜也。」喜其當大畜之時，能畜止其陰，不為陽剛

　　　之害功，不勞而性無傷也。

按：此節文字，以「言六四柔而得正」為界，乃分引兩人之說。

季本《易學四同》卷一

　　　　牛，陰物，六之象也。未角謂之童。六，初，交於四，童牛之

　　　象也。牿即《詩》所謂「楅衡橫木」，於牛角以防其觸者也。自畜

　　　者，言六四柔而得正。童牛而即牿之，能止之於初也。陽剛乘陰之

　　　起，恐動於私，而所動之私即陰也，故以童牛之牿取。蓋恐陽之動

　　　於初陰之時也。禁於初發，則署無躁心之萌，而所發皆善，故曰「元

　　　吉」。

章潢《周易象義》卷二《大畜》：

　　　　蓋童牛未角之時，而先事以防閑之，則為力甚易。牛習於牿而

　　　忘其觸焉，所以消融其血氣而畜之易易也。惟四有順正之德，故大

　　　善而吉。《象》曰：「六四『元吉』，有喜也。」喜其當大畜之時，即

　　　能畜止其陰，不為陽剛之害，是禁於未發，功不勞而性無傷也。

《讀易述》標舉「彭山曰」，而實則前半係引季本之說，後半則是章潢之說。

其後張振淵《周易說統》卷四《大畜》稱：「季彭山曰：童牛未角之時，而即

牿之牛習於牿而忌其觸焉，所以消融血氣而畜之易也。」因不辨《讀易述》此

節文字連引兩人，僅標一人，所引實章潢之說，而非季本之說。

　　　又，卷五《大過·彖》：

　　　　仲虎曰：「既言『棟橈』，又言利往而後亨，是不可無大有為之

才，而天下亦無不可為之事也。」（A）「危而不持，則將焉用？」（B）「大過之時大矣哉」，「君子有為之時也」。（C）「不曰義者，不可以常義拘；不曰用者，非常之可用。用權之時，成敗之機，間不容髮，可不謂之大乎？」

按：檢胡炳文《周易本義通釋》卷一《大過》：

> 或曰：「既言『棟橈』，又曰『利有攸往，亨』，何也？曰：」『棟橈』以卦象言也。利往而後亨，是不可無大有為之才，而天下亦無不可為之事也，以占言也。」

可見「仲虎曰」至「而天下亦無不可為之事也」止。此下部分，（A）出《後漢書》卷五《孝安帝紀》，（B）係王《注》，（C）為楊繪之說，見李衡《周易義海撮要》卷三《大過》。

（四）標舉某人之說，卻夾雜他人之說。

卷六《晉》初六爻：

> 述曰：程《傳》：「初居下位，未有官守之命。」「君子之於進退，或遲或速，唯義所當，未嘗不裕也。聖人恐後之人不達寬裕之義，故以『未受命』釋之。若有官守，不信於上而失其職，一日不可居也。」

按：「初居下位，未有官守之命」二語實出朱子《周易本義》，此下文字才為程《傳》內容。

卷八《困》九二：

> 章氏曰：（A）「『需於酒食』，自養以需時也。『困於酒食』，困而不失其所自養也。」（B）「『征凶』與『困於酒食』相反。」（C）「《象》曰：『困於酒食，中有慶也』，二有中德，所謂困而不失其所者。」

按：此節標舉「章氏曰」，實則僅（C）出章潢《周易象義》卷三《困》，而（A）出趙汝楳《周易輯聞》卷五《困》，（B）出季本《易學四同》卷二《困》。

又，卷九《旅》六五：

> 程《傳》：「此爻雖不言旅，而『射雉』即出旅之義。」「旅者，困而未得所安之時。『終以譽命』，譽命則非旅也。」

按：「此爻雖不言旅，而『射雉』即出旅之義」二語實出章潢《周易象義》卷四《旅》，此下文字才為程《傳》內容。

（五）糅雜諸人之說

卷二《需》九二：

> 履健居中，亦未嘗進而需焉，以待其會，雖小有言，以吉終也。

按：此係糅雜兩人之說而成。

> 故亦未嘗進而需焉。偶其所處稍近險，非好進而近險也，故雖小有言而終吉。（楊簡《楊氏易傳》卷四《需》）〔註12〕

> 履健居中，以待其會，雖小有言，以吉終也。（王《注》）

（六）未究本源

卷四《臨》上六：

> 張氏曰：「說而順，剛中而應」，君子進臨小人之道也。「教思無窮，容保民無疆」，大君臨涖小民之道也。《大象》之臨與卦辭所謂臨者，有二道焉。初、二之「咸臨」，卦辭之所謂臨也。剛正剛中，皆以正矣，五之「知臨」，《大象》之所謂臨也，吉則教思、容保之遺矣。（A）「凡卦陽上陰下者，取尊卑定分之義，《否》與《恒》也；陰上陽下者，取往來交感之義，《泰》與《咸》也。故《臨》二陽曰『咸』。」（B）「初、二『咸臨』，下臨上，剛臨柔也；『甘臨』、『至臨』、『知臨』、『敦臨』，上臨下，柔臨剛也。」諸爻無不言臨者，既憂之者，反「甘臨」而為「至臨」、「敦臨」也。（C）「兌終為悅，『甘臨』者，小人之事；艮終為厚，『敦臨』者，君子之德。」（D）「剛多善，亦不必偏善；柔多不善，亦不必偏不善。宜贊以位之當。」
>
> （E）「咸者，臨之體，言公也；至者，臨之情，言密也；知者，臨之道，言明也；敦者，臨之誠，言久也；甘者，臨之賊，言邪也。」

按：經過史源考索，可知（A）出崔銑《讀易餘言》卷一《臨》，（B）出張獻翼《讀易紀聞》卷二《臨》，（C）出崔銑《讀易餘言》卷一《臨》，（D）出楊萬里《誠齋易傳》卷六《臨》，（E）出張獻翼《讀易紀聞》卷二《臨》。

段首標注「張氏曰」，當是轉引自張振淵《周易說統》卷三《臨》：

> 張幼于曰：「『說而順，剛中而應』，君子進臨小人之道也。『教思無窮，容保民無疆』，大君臨涖小民之道也。凡卦陽上陰下者，取尊卑定分之義，《否》與《恒》也；陰上陽下者，取往來交感之義，

〔註12〕楊簡《楊氏易傳》，華齡出版社 2019 年版，第 88 頁。

《泰》與《咸》也。故《臨》二陽曰咸。初、二『咸臨』，下臨上，剛臨柔也；『甘臨』、『至臨』、『知臨』、『敦臨』，上臨下，柔臨剛也。諸爻無不言臨者，既憂之者，反『甘臨』而為『至臨』、『敦臨』也。兌終為悅，『甘臨』者，小人之事；艮終為厚，『敦臨』者，君子之德。咸者，臨之體，言公也；至者，臨之情，言密也；知者，臨之道，言明也；敦者，臨之誠，言久也；甘者，臨之賊，言邪也。」

檢張獻翼《讀易紀聞》卷二《臨》：

故初、二皆曰「咸臨」，復曰「朋來」，咸即朋之義，臨即來之義。舜以一臨四，周公以一臨三，孔子以一臨一，故舜之流放，周公之東征，視孔子兩觀之役為難。初以未當臨陰之任，故曰「志行正」而已，《象》以「八月有凶」警君子，爻以「既憂之，无咎」戒小人。上六積累至極處，有敦篤之義，如「敦艮」、「敦復」之「敦」。以厚接物，未有不安者，故「敦復無悔」、「敦艮，吉」、「敦臨，吉」。初、二「咸臨」，下臨上，剛臨柔也。「甘臨」、「至臨」、「知臨」、「敦臨」，上臨下，柔臨剛也。二不為甘臨所惑，見君子難悅，持己之正也。三能憂而无咎，見君子易事，待人之恕也。三不利而四无咎，三不正無應，四正而應也。聞之《陰符經》云：「天地之道浸，故陰陽勝。」《臨》曰「剛浸而長」，《遯》曰「浸而長」，自《臨》而長為《泰》，自《遯》而長為《否》。浸者，漸也。初九升聞之君子，九二得位之君子，六四好賢之近臣，六五任賢之大君，上六厚德樂善之長者。小人在位者，六三而已。剛，多善亦不必偏善；柔多，不善亦不必偏不善。宜贊以位之當。咸者，臨之體，言公也；至者，臨之情，言密也；知者，臨之道，言明也；敦者，臨之誠，言久也；甘者，臨之賊，言邪也。

兩相比勘，《周易說統》節引，僅加下劃線部分為張獻翼之說。

又，卷九《艮》六二：

《紀聞》曰：「股動則腓隨，動止在股而不在腓也。士之處高位，則有拯而無隨。在下位，則有當拯，有當隨，有拯之不得而後隨。若不拯而惟隨，則如樂正子之於子敖，冉有之於季氏也。《咸》於二言『腓』，三言『隨』，隨二而動者也。《艮》於二言『腓』，又言『隨』，隨三而止者也。三列寅，不得止之宜；二陰柔，不能救其所隨。然

視《咸》之『執其隨』者有間矣。二與三，占皆在象中，皆有一『心』
字。二不能拯乎三，故『心不快』；三不肯下聽乎二，故『厲薰心』。」

按：引文出張獻翼《讀易紀聞》卷四《艮》，但此乃張氏糅雜諸人之說而成，
今條列如下：

> 股動則腓隨，動止在股而不在腓也。……士之處高位，則有拯
> 而無隨。在下位，則有當拯，有當隨，有拯之不得而後隨。（程《傳》）

> 若不拯而惟隨，則如正子之於子敖，冉求之於季氏也。（朱熹《晦
> 庵集》卷六十《答余彝孫》）

> 《咸》六二與《艮》六二皆象「腓」。《咸》下體即艮也，艮以
> 三為主。《咸》於二言「腓」，三言「隨」，隨二而動者也。三為下卦
> 之主，不能自守而下隨於二，故「往吝」。《艮》於二言「腓」，又言
> 「隨」，隨三而止者也。三列夤，不得止之宜；而二陰柔，不能救其
> 所隨，故「其心不快」。雖然，視《咸》之「執其隨」者有間矣。（胡
> 炳文《周易本義通釋》卷二《艮》）

據此，《讀易紀聞》拼接程頤、朱熹、胡炳文三人之說，而不注明。《讀易述》
對《讀易紀聞》多有引用，由於對典籍較為熟悉，所以對於張氏係引用而不注
明的文字，潘氏多直引原文。但此處卻未勘破。

此外，引錄還有一些問題，比如每卦結尾大量徵引項安世《周易玩辭》，
經常將項氏的不同條目拼接在一起。還有在引錄他人之說時，多有剪裁，且有
誤字，此乃古人引書之常例，茲不贅述。

三、《讀易述》的轉引情況

由於《讀易述》的內容豐富，後世《易》籍對之多有徵引，如張振淵《周
易說統》、張次仲《周易玩辭困學記》、何楷《古周易訂詁》、錢澄之《田間易
學》、查慎行《周易玩辭集解》等。這些書一方面引用《讀易述》中潘世藻的
觀點，同時也通過《讀易述》轉引他人之觀點。由於《讀易述》具有前舉的一
些疏失，以致後人轉引時也出現了一些問題。

（一）未見原文而致誤

張振淵《周易說統》卷四《噬嗑》六三：

> 楊敬仲曰：「彼實強梗而又陰險，三噬而除之而反『遇毒』者，
> 三無德也。以不中不正之行而刑人，人無有服從者，能不遇毒乎？

然彼為間而三噬之，當矣。雖以不能致其心服為羞吝，而吝亦小耳，終『无咎』也。噬嗑以柔中為貴，三本柔順之質，非用法過刻者，且彼既有罪，終必服法，所以終『无咎』。」〔註13〕

按：此係引自《讀易述》卷四《噬嗑》，而非直引楊簡《楊氏易傳》。檢楊簡《楊氏易傳》卷八《噬嗑》：

夫彼為間，三噬而除之，當也，而反「遇毒」者，三無德焉，不當位也。無德者雖行之以正，猶難濟。雖然，三非間者，彼為間而三除之，於義為正，雖有「小吝」，終於「无咎」。〔註14〕

據此可知所引楊敬仲之說與《楊氏易傳》原文差別較大。另外，還夾雜有他人之說，如楊萬里《誠齋易傳》卷六《噬嗑》：「能不遇毒乎？故曰『位不當也』。」

（二）不辨引文起止而致誤

張振淵《周易說統》卷三《觀》：

季彭山曰：五本陽剛在上之君子，群陰自下觀之，非能中正以觀，何以使下觀皆化？非能化天下於中正，何以為大觀之生？故曰：「觀我生，君子无咎也。」孔穎達曰：「我教化善則天下著君子之風，教化不善則天下著小人之俗。君子風著，己乃无咎。所謂難乎其无咎也。」

檢季本《易學四同》卷一《觀》九五：

我者，對在下群陰而言。九五之生，謂君德也。君子即君也，蓋有三重之責者。九五以中正之德觀民，足以使民觀感，則彼無惡，此無射，而可以寡過，故曰无咎。

並無張振淵所引之說。究其原因，乃是誤引《讀易述》，曰

彭山曰：「『我』，對下三陰而言。」陰至於壯，陽德生長之機微矣。五為觀之主，曰「觀我生」，即《象》「不薦」之「孚」也。通天下以生生之仁而示之極也，惟君子乃无咎。五本陽剛在上之君子，群陰自下觀之，非能中正以觀，何以使下觀皆化？非能化天下於中正，何以為大觀之主？故曰「君子无咎」也。孔《疏》：「我教化善，則天下著君子之風；教化不善，則天下著小人之俗。」君子風著，己乃无咎。蘇氏所謂難乎其无咎也。

〔註13〕張振淵《周易說統》，明萬曆四十三年（1615）石鏡山房刻本。下同。
〔註14〕楊簡《楊氏易傳》，華齡出版社2019年版，第146頁。

《讀易述》所引，僅第一句為季本之說，其後為潘氏之說，後為孔《疏》。張振淵未檢核季本《易學四同》，又不辨引文起止，因見《讀易述》有「彭山曰」，遂誤將下文所云當作季本之說。

又，《繫辭下傳》

蘇氏曰：（A）「無守於中者，不有所畏則有所忽也。忽者常失之太早，畏者常失於太后。既失之，又懲而矯之，則終身未嘗及事之會矣。知幾者不然。其介也如石之堅，『上交不諂』，無所畏也；『下交不瀆』，無所忽也。上無畏，下無忽，事至則發而已矣。」（B）「夫知彰者眾矣，惟君子於微而知其彰；知剛者眾矣，惟君子於柔而知其剛。」（C）「故萬夫望之，以為進退之候也。」

按：蘇氏即蘇軾。（A）節係蘇軾之說，見《東坡易傳》卷八《繫辭傳下》。此下文字，（B）節出項安世《周易玩辭》卷十四《繫辭下‧其殆庶幾乎》；（C）節乃敷衍蘇軾之說，《東坡易傳》卷八《繫辭傳下》有云：「知幾者，眾之所望，以為進退之候也。」

《田間易學‧繫辭下傳》全引此一節文字，稱「蘇子瞻曰」〔註15〕，顯為迻錄《讀易述》之說而未加考辨。

又，卷十七《雜卦傳》：

龔氏曰：（A）「『起』者生於動，陽在下也。『止』者生於靜，陽在上也。」（B）「震一陽起於初，艮一陽止於終，此天道之起止，自東方而至於東北者也。《雜卦》言止者三：『艮止也』，『大壯則止』，『節止也』。《大壯》之止，與《遯》之退相反，謂陽德方盛，故止而不退也。此止有向進之象，非若《艮》之止而終也。《節》之止與《渙》之離相反，謂遏而止之，使不散也。此乃人止之，非若《大壯》之自止也。」（C）「『損益，盛衰之始也』，此句發明損益之義最為親切。《泰》之變為《損》，損未遽衰也。然損而不已，自是衰矣。《否》之變為《益》，益未遽盛也。然益而不已，自是盛矣。為人者能使惡日衰，善日盛，其為聖賢也孰御焉？為國者能使害日衰，利日盛，其為泰和也孰御焉？」

按：龔氏即龔原。僅（A）節係龔原之說，見《周易新講義》卷十《雜卦》。此下文字，（B）節出項安世《周易玩辭》卷十六《雜卦‧艮止也　節止也　大

〔註15〕錢澄之《田間易學》，黃山書社1998年版，第678頁。

壯則止》，（C）節出項安世《周易玩辭》卷十六《雜卦·損益》。

而錢澄之《田間易學·雜卦傳》曰：

> 龔深父曰：震一陽起於初，艮一陽止於終，天道之起止，自東
> 方而至於東北也。《雜卦》言止者三，《艮》與《大壯》、《節》也。
> 《大壯》之止，與《遯》之退反止。而不退有向進之象，非若《艮》
> 之止而終也。《節》之止與《渙》之離反，謂過而止之，使不散也。
> 此乃人止之，非若《大壯》之自止也。〔註16〕

所引實為項安世之說，而非龔深父之說。繹其致誤之由，亦是源於《讀易
述》。

（三）不察潘氏之引文而致誤

《讀易述》未注明係引用的引文，亦有被當成潘氏之說而加以引用。如卷
五《大畜·彖》：

> 述曰：天下惟陽為大，亦惟陽為能畜。大畜者，陽能自畜，畜
> 之大者也。彭山曰：「畜以貞靜為主。……」

按：張振淵《周易說統》卷四：「潘雪松曰：天下惟陽為大，亦惟陽為能
畜。大畜者，陽能自畜，畜之大者也。」查慎行《周易玩辭集解》卷四：「潘
雪松謂陽能自畜。」〔註17〕而實則「天下惟陽為大，亦惟陽為能畜」係潘氏之
說，「大畜者，陽能自畜，畜之大者也」同後「彭山曰」一樣，亦出季本《易
學四同》卷一《大畜》。

以上就潘氏書中的一些引文問題略加舉例說明，並就後世《易》籍徵引
《讀易述》產生的訛誤略加考辨，以期學界在使用《讀易述》及其他相關纂注
體《易》著時，需要區分孰為人說，孰為己說。同時，在引用其引文時，最好
核查原書。此外，也充分說明，對於纂注體《易》著的整理，必須要做史源學
考辨，方能直探本源。這也是筆者校證《讀易述》的原因。

〔註16〕錢澄之《田間易學》，黃山書社 1998 年版，第 734～735 頁。
〔註17〕查慎行《周易玩辭集解》，《查慎行集》第 1 冊，浙江古籍出版社 2018 年版，
第 132 頁。

凡　例

一、《讀易述》以明萬曆三十四年潘師魯刻本為底本，以景印文淵閣四庫本為校本。

二、因有連引數人之說而僅注一人，或因他人之說後附以己見等（詳見前言），部分引文暫時沒有查到史源，文字起訖只能憑藉個人之理解，引號標識範圍容或有錯。

三、校證所引典籍，僅於首次標其朝代，後則從略。

四、潘氏書中所引之文字，校證一般只標注出處。惟文本差異較大時，則錄原文，以備參考。

五、《讀易述》引俞琰《周易集說》、張獻翼《讀易紀聞》、焦竑《易筌》等處，一般只注相應出處。若所引俞琰、張獻翼、焦竑之說亦係引錄剪裁而成，此則不加考辨，詳參拙著《〈周易集說〉校證》、《〈讀易紀聞〉校證》、《〈易筌〉疏證》。

讀易述序

「聖人洗心，退藏於密，而吉凶與民同患」者，莫辨於《易》，故處而修身，出而經世，率繇此。出而退藏者，其體也。但動之變者，百姓可與能；而靜之微者，賢智未易知。聖人於是立象倚數，探賾索隱，而寓之於書，使人探有以取無，立於陰陽之先，而陰陽之用，動乃不窮，措諸事業，施諸天下國家，豈虛也哉？蓋《易》周萬變而卦止六十有四，卦六十有四而用止九六，藉令陽為九用而不能用九則亢，陰為六用而不能用六則戰。《參同契》云：「二用無爻位，周流行六虛」，非左之微言，道家者流猶得而聞之故耶？

余友潘去華剋心孔、孟之學，晚獨研精於《易》，仰思有得，時時私草其事緒正之。每就一章，未嘗不津津有味其言也。已而歎曰：「《易》如鴻鵠然，一人射之，不若合眾力之猶有中也。」乃盡取諸家參究之，博考前聞，精思其義，而加折衷焉。大抵王主理而莫備於房審權，鄭主象而莫備於李鼎祚，去華衷而擇之，順而圓之，補不足，表未明，以指南來學，而引之勝地，可不謂勤乎？去華談《易》不去口，求其書，輒拒而不出，蓋其意方進而未止也。不幸被疾而殉，顧其所就者，已可傳矣。子師魯輩不以自私，梓而公諸同好，有能繇諸象數，契其根源，出入以度外內而不懼者，斯其為己《易》也夫。萬曆丙午冬，瑯琊焦竑書。

讀易述卷一

乾☰乾下乾上

　　孔《疏》：「乾，此卦之名。聖人畫卦，所以因天象以教人事。於物象言之，則純陽也；天也於人事言之，則君也父也。以其居尊，故在諸卦之首，為易理之初。」

　　彭山季本曰：「凡卦畫皆起於奇偶。奇之德剛，積三奇而為乾，剛德不已之名也；偶之德柔，積三偶而為坤，柔德不已之名也。」〔註1〕

　　陽明曰：「《乾》六爻作一人看，有顯晦無優劣；作六人看，有貴賤無優劣。」〔註2〕

乾：元亨利貞。

　　述曰：乾，健也。天之體，以健為用，運行不息，應化無方，此天之自然之理。聖人作《易》，欲人法天自然之象而施人事。「元亨利貞」，乾所繫之辭也。伏羲畫卦，首乾而以坤配。乾坤生六子，因而重之，然後六十四卦之名立焉。坤雖可以配乾，而乾為諸卦之祖，所以總統諸卦者也。「元亨利貞」以贊乾之無所不統，而此四字於六十四卦無所不貫。季彭山曰：「凡《易》中卦爻所主，有重於發揚者，則但言『元亨』；有重於收斂者，則但言『利貞』。惟《乾》則陽剛不已，無一毫陰柔之雜，所謂『純粹精』者也。『故四德渾然，相為體用，而

　　———————————————
〔註1〕（明）季本《易學四同》卷一《乾》。
〔註2〕（明）李詡《戒菴老人漫筆》卷七。

其行則由元達亨，復斂利以歸於貞，非若他卦陰陽有偏勝也。』〔註3〕」〔註4〕

初九：潛龍勿用。

述曰：《荀爽九家易》解乾為龍，喻陽氣也。《易通卦驗》曰：「立夏清風至而龍昇天，則初建子之月，正其潛時也。」孔《疏》云：「初九『潛龍』，此自然之象。《易》以時為大，時在潛便當勿用。龍之為物，靈變不測，此言潛者，晦養以俟時也。二見五飛，皆初之潛者耳。〔註5〕

質卿曰：「乾初一畫為陽爻，宜曰初。陽不曰初陽而曰初九，是不用陽而用九也。用九，以其變也。初雖定位，陽與陰不可定也。曰九，則上下無常，剛柔相易矣。此《易》所以為至變也。」

九二：見龍在田，利見大人。

述曰：「出潛離隱，故曰『見龍』。」〔註6〕二陰位，以九居之，未為得位。然初與二俱為地道，二在初上，所以稱田。「見龍在田」，是自然之象。註家稱「田之耕稼利益，及於萬物」〔註7〕。陽氣發動，見於地上，尤莫如田，故以為象。體陽宅中，德施周普，天下利見，此大德之人，莫不蒙其利益焉。

《象旨》：「鄭康成曰：『二於三才為地道』〔註8〕，蓋以六畫卦言之，地上即田也。陽大陰小，故大謂九。以三畫卦言，於三才為人道，得稱『大人』矣。」〔註9〕

九三：君子終日乾乾，夕惕若厲，无咎。

述曰：《象旨》：「鄭玄以六畫言，三於三才為人道。有乾德而在人道，君子之象也。龍神無跡，而人跡可擬，三、四皆明人，故不言龍。」〔註10〕「下乾終而上乾繼，故曰『乾乾』。」〔註11〕居下卦之終，有終日而夕之象。「惕」謂

〔註3〕出（宋）朱長文《易經解》。《易學四同》引之而不言。
〔註4〕季本《易學四同》卷一《乾》。
〔註5〕（明）熊過《周易象旨決錄》卷一《乾》：
　　　　《荀爽九家易》解乾為龍。沈麟士云：「假象。」陸德明云：「喻陽氣也。」《易通卦驗》曰：「立夏清風至而龍昇天，則初正其潛時也。」……二見五飛，皆初之潛者耳。
〔註6〕王《注》。
〔註7〕孔《疏》。
〔註8〕（漢）鄭玄《周易鄭注·乾》：「二於三才為地道，地上即田，故稱田也。」
〔註9〕熊過《周易象旨決錄》卷一《乾》。
〔註10〕熊過《周易象旨決錄》卷一《乾》，無「鄭玄」二字。
〔註11〕（宋）俞琰《周易集說》卷一《乾》。

悚惕，鄭玄曰「懼也」。王《註》：「三不中之位，上不在天，未可以全其尊；下不在田，未可以安其居。」此危地也，以其重剛不息，故能終日乾乾，至於夕猶惕若，〔註12〕雖「厲」而得「无咎」。九三為動心忍性之學〔註13〕而能補過者也。

九四：或躍在淵，无咎。

述曰：「已離下體，故謂之『躍』。以陽居陰，故謂之『淵』。」〔註14〕九四陽氣漸進，乾道變革之時，龍之潛者至是躍上矣。時躍而躍，此自然之象。或躍在淵，不敢必躍，遽離於淵也。淵，龍所安也，在淵故能變化飛騰。易安身而後動，審慎如是，故「无咎」。

九四陽氣漸進，蓋已有升騰之勢矣。改革之際，疑懼之地也。欲進而上，「猶在乎下，非躍所及，欲靜其居，居非所安」〔註15〕，故為「或躍在淵」之象。曰「或」，則其辭疑。曰「在淵」，則猶安其所也。王《註》：「用心存公，進不在私，疑以為慮，不繆于果，故『无咎』也。」

九五：飛龍在天，利見大人。

述曰：六畫之卦，五為天；三畫之卦，五為人。九五陽氣盛至於天，故云飛龍在天。鄭玄云：「天者，清明無形而龍在焉，飛之象也。」〔註16〕蘇子曰：「飛者，龍之正行；天者，龍之正處。」〔註17〕王《註》：「以九居五，龍德在天，則大人之道亨也。夫位以德興，德由位敘。以至德而處盛位，萬物之覩，不亦宜乎！」

敬仲曰：「二、五咸言『天』，下之利見其有。居二、五之位，而天下不利見之者，非大人也。皆尊仰之之謂見，皆蒙其澤之謂利。」〔註18〕

上九：亢龍有悔。

述曰：「窮高曰亢。」〔註19〕陽在上，「乾體既備，上位既終」〔註20〕，

〔註12〕（明）張獻翼《讀易紀聞》卷一《乾》：「以其重剛不息，故能『終日乾乾，夕惕若』。」

〔註13〕熊過《周易象旨決錄》卷一《乾》：「九三方為動心忍性之學，而非無畔援歆羡之於物而不化也，故厲。」

〔註14〕朱長文《易經解》。

〔註15〕王《注》。「猶在乎下」，王《注》作「迫乎在下」。

〔註16〕（唐）李鼎祚《周易集解》卷一《乾》、《周易鄭注·乾》。

〔註17〕（宋）蘇軾《東坡易傳》卷一《乾》。

〔註18〕（宋）楊簡《楊氏易傳》卷一《乾》。

〔註19〕李鼎祚《周易集解》卷一《乾》，稱「王肅曰」。

〔註20〕李鼎祚《周易集解》卷一《乾》，稱「干寶曰」。

故曰「亢龍」。此自然之象。劉濂曰：「陽極盛而陰生，龍既飛而思潛，此自然之理，故曰『有悔』。」〔註21〕重剛而亢，時之所值也。「乾道常不息，故必『有悔』。」〔註22〕龍，神物也。「能與細細，能與巨巨，能與高高，能與下下，故曰龍變無常，能幽能章。」〔註23〕亢而有悔，龍德之與時偕極而不失其正也。

用九：見群龍無首，吉。

　　述曰：劉瓛曰：「總六爻純九之意，故曰『用九』也。」〔註24〕王《註》：「九，天之德也。」體乾，聖人「能用天德，乃見群龍之義焉」〔註25〕。乾主知，故云見。六位皆龍，龍不可見也，而猶可象也。「見群龍無首」，著六虛之用，用其虛焉。敬仲曰：「用九之道，雖見於各爻諸陽，而不見其為首。不見其為首者，潛、見、惕、躍、飛、亢，當其時，乘其物，斯用之不見其首也。意慮微作，則為己為私，好剛好進，安得而不為首？」〔註26〕質卿〔註27〕曰：「『見群龍無首』，『無首』者，言龍皆同體，無有獨出眾龍而為首者。譬如一室皆燈也，而有巨燭燃其間，則燭之光為首矣。又如易牙調味，只見可於口，而不見酸甜苦辣之味。若一味稍多，便見其味，鹽多則鹹見，辛多則辣見矣。天德無所不有，而聖人善用之。孔子所以清任和，皆不可名，而為聖之時也。」

《彖》曰「大哉乾元！萬物資始，乃統天。雲行雨施，品物流形。大明終始，六位時成，時乘六龍以御天。乾道變化，各正性命，保合太和，乃利貞。首出庶物，萬國咸寧。」

　　述曰：「彖者，斷也，斷定一卦之義也。」〔註28〕「乾者純陽，天之象。觀乾之始，以知天德，故曰『大哉乾元』。元，氣之始也。」〔註29〕陽氣初動，

〔註21〕劉濂《易象解》卷一《乾》，《四庫全書存目叢書》經部第4冊，第250頁。

〔註22〕季本《易學四同》卷一《乾》。

〔註23〕（漢）賈誼《新書》卷六《容經》。

〔註24〕李鼎祚《周易集解》卷一《乾》。

〔註25〕王《註》。

〔註26〕楊簡《楊氏易傳》卷一《乾》。

〔註27〕（清）朱彝尊《經義考》卷五十九著錄顏素《易研》六卷，引曹溶曰：「顏素，字質卿，懷寧人。萬曆甲戌進士。《易研》六卷，朱之蕃序之。」

　　　　按：《易研》一書未見，似不傳。《讀易述》引其說甚多，可供輯佚。

〔註28〕孔《疏》：「案褚氏、莊氏並云：彖，斷也，斷定一卦之義，所以名為彖也。」

〔註29〕李鼎祚《周易集解》卷一《乾》，稱「《九家易》曰」。

太和氤氳，萬物悉資之以兆。始也一始，萬始而生，而成天之發育，皆總於乾元，故曰「乃統天」。天者，萬物之總名。物何始？始於天。天何統？統於元，故文。天為一，大而元之，言一也，大也，始也。

及夫陽氣漸舒，蒸而為雲，降而為雨，天澤既布，土膏乃潤，萬品庶物流出而成形，各得亨通，無所壅遏，太和之滿盈也，蓋其亨也。

陽大陰小，陽明陰暗。「『大明』者，乾之體。『終始』者，乾之運。」〔註30〕「一乾方終，一乾又始，則生意於此續而不息，故曰『終始』。」〔註31〕「大明終始」，一伏一見，一躍一飛，皆乾道之自然也。故六爻之位隨時渾成，而六龍載焉。六位皆龍，而乾德乘之，升降無常，惟時所用，以控御天體，所以運動變化不息也。

「六龍」，六氣之運。「乾元乘氣，不為氣所乘」〔註32〕，故曰「乾道變化」。陽變而陰復化而陽，一進一反，舒斂以時，品物各正，其性長茂，蕃殖無不遂也，各正其命，華瘁殀壽，無相害也。乾之德能各正物之性命，以保合此太和一元資始之氣，凝聚於形質之中而返於無跡也，是乾之利貞也。性，生之理；命，生之氣。太和則元氣之生生者。貞以含元，而又開萬物之始。天地生生不息者，「保合太和」也。

元為乾德之首，故能統天而終始萬物。聖人體元首，出庶物，自然而亨而利而貞，萬國皆得寧也。

王《註》：「天也者，形之名也。健也者，用形者也。夫形也者，物之累也。有天之形而能永保無虧，為物之首，統之者豈非至健哉？大明乎終始之道，故六位不失其時而成，升降無常，隨時而用，處則乘潛龍，出則乘飛龍，故曰『時乘六龍』也。乘變化而御大器，靜專動直，不失太和，豈非正性命之情者邪？」「保合太和，乃利貞」，「不和而剛暴」〔註33〕，「則物不得利，又失其正」〔註34〕。「萬國咸寧」，「各以有君也」〔註35〕。

《紀聞》曰：「『統天言乾之體，御天言乾之用。統如身之統四體，御如心

〔註30〕（明）胡居仁《易像鈔》卷五《九卦》。
〔註31〕俞琰《周易集說》卷十四《彖傳一》。熊過《周易象旨決錄》卷一《乾》引之而不注明。
〔註32〕楊簡《楊氏易傳》卷一《乾》。
〔註33〕王《註》。
〔註34〕孔《疏》。
〔註35〕王《註》。

之御五官。」〔註36〕『利者，物之遂，方是六七分，到貞處方是十分成。』〔註37〕『元為稟氣之始，未可區別，故總謂之萬。亨則流動形見，各有區別，故特謂之品。雲行雨施，亨之見乎氣也。品物流形，亨之見乎形也。終謂下乾之終，九三是也。始謂上乾之始，九四是也。一乾方終，一乾又始，故不曰始終而曰終始。《說卦》終萬物，始萬物，亦此意。六位言六畫之定分，六龍言六爻之變象。六位乃諸卦之所同，六龍則純乾之所獨。』〔註38〕」〔註39〕

章氏曰：「『大明終始』，貫『資始』、『流形』、『變化』、『各正』而言，見乾德之無端矣。曰『時成』，曰『時乘』，惟其時也，只自強不息便是乾，便統天御天。」〔註40〕吳因之〔註41〕曰：「『化』字即『利貞』二字。」

敬仲曰：「夫道，一而已矣。是道超出乎萬物之表，故曰『首出庶物』。是道能致萬國咸寧，故曰『萬國咸寧』。所以明天人一致也。知天人之本一，則知乾矣。」〔註42〕

《象》曰：天行健，君子以自彊不息。

述曰：象者，像也，取其法象。卦爻之德，「天有純剛，故有健用。今畫純陽之卦，以此擬之」〔註43〕，故《象》曰「天行健」，此謂天之自然之象。人心與天同體，通乎晝夜而運，蓋天德之剛本不容人為之間，而非自勝其私者不足以合天，故曰「君子以自強不息」。「自強不息」之謂，純陽纔有一念雜便是陰，便非純陽。『自強』者，體乾〔註44〕之象；『不息』者，體重乾之象。」〔註45〕

「潛龍勿用」，陽在下也。「見龍在田」，德施普也。「終日乾乾」，反復道也。「或躍在淵」，進无咎也。「飛龍在天」，大人造也。「亢龍有悔」，盈不可久也。「用九」，天德不可為首也。

述曰：此夫子釋六爻之象辭，謂之小象。初九陽潛地中，故云「陽在下

〔註36〕開封耿氏曰之說，見（明）胡廣《周易大全》卷一《乾》。耿南仲《周易新講義》未見此語。《讀易紀聞》引之而不注明。
〔註37〕（宋）黎靖德《朱子語類》卷六十八《易四》。《讀易紀聞》引之而不注明。
〔註38〕節錄俞琰《周易集說》卷十四《象傳一》之說。《讀易紀聞》引之而不注明。
〔註39〕（明）張獻翼《讀易紀聞》卷一《乾》。
〔註40〕章潢《周易象義》未見此語。
〔註41〕（清）徐乾學《傳是樓書目》著錄明吳默《吳因之易說》五卷，二本。
〔註42〕楊簡《楊氏易傳》卷一《乾》。
〔註43〕孔《疏》。
〔註44〕「乾」，《易經解》、《周易大全》作「下乾」。
〔註45〕朱長文《易經解》。又見胡廣《周易大全》卷一《乾》，稱「建安丘氏曰」。

也」。敬仲曰:「人能如陽氣之在下,寂然無進動之意,則與天為體,不失其心矣。」〔註46〕

「德施普」者,九二已出在世,「如日方升,雖未中天,其光已無所不被矣」〔註47〕。敬仲曰:二在下而有中德,「有德之施,安止而自應,如天之施」〔註48〕,而普徧於物也,是謂龍德。

諸理齋〔註49〕曰:「『乾乾』,猶行天之不已也,只是反復乎進德脩業之事。」管登之〔註50〕曰:「『反復道』,謂反而復其乾元之初也。非乾乾不能復復,必反諸其初。《復》卦『七日來復』,亦曰『反復其道』。」

敬仲曰:龍德無體,「當躍斯躍,當疑斯疑,無必進之心,故雖躍而未離於淵。如是而往,何咎之有?」〔註51〕荀爽曰:「陽主於進,故曰『進无咎也』。」〔註52〕

孔子曰:「古之有天下者必聖人,非聖人則不足以當。五位曰『大人造』者,言此大人之所造為聖之事也。」〔註53〕荀爽曰:「飛者喻無所拘,天者首

〔註46〕楊簡《楊氏易傳》卷一《乾》。
〔註47〕(元)董真卿《周易會通·周易經傳集程朱解附錄纂註卷一·乾》:
 《朱子語》:「問:『如日方升,雖未中天,而其光已無所不被矣。』曰:『九二君德已著,至九五然後得其位耳。』銖。」
 胡廣《周易大全》卷一《乾》:
 盤澗董氏曰:「九二在下而云『德施普』者,如日方升,雖未中天,而其光已無所不被矣。」
〔註48〕楊簡《楊氏易傳》卷一《乾》。
〔註49〕(清)丁丙《善本書室藏書志》卷一:
 《新刊浙江餘姚進士白川諸先生秘傳易學講義》九卷明刊本
 辛未進士白川諸大倫著,弟文元巽齋諸大本解,元紫橋諸大圭校。
 前有萬曆甲戌賜進士第國子監祭酒四明余有丁序,云:「國朝以經學造士,有通一經以上者,得偕賢科以進。然《易》義尤為五經之首。今之學《易》者,非談元捄奇,即尋章摘句,易道之不明久矣。姚江諸氏理齋君以明易奪魁,士皆宗之。理齋之俊,有南明君大魁天下,白川、紫橋兩君魁吾浙省,由是天下之稱諸氏者益彬彬然盛矣。然其說徒祕一家也,錦溪饒氏求得之,出示於余,序而梓之。」其書按節逐句解義,為科舉之捷學,似麻沙坊刻,四庫亦未著錄。
〔註50〕潘雨廷《讀易提要》有《管志道〈周易六龍解〉附〈東溟粹言〉提要》,上海古籍出版社2006年版,第309~312頁。
〔註51〕楊簡《楊氏易傳》卷一《乾》。
〔註52〕李鼎祚《周易集解》卷一《乾》。「陽主於進」,《周易集解》作「陽道樂進」。
〔註53〕不詳。
 楊簡《楊氏易傳》卷一《乾》:

事造制。『大人造』者〔註54〕，見居天位也。」〔註55〕

天為大德，猶不干時〔註56〕，蓋時有亢焉，而誰能違之？夫亢則盈矣，不可久矣，謂陰將生也。所謂有悔也，悔亦天則，處不得已而然。汝吉以為亢而後天者盡悔而後天者還也，《易》之所以變通而能久也。

「『天德不可為首』，以天德本無首也。」〔註57〕「天之氣有首有尾，故歲以春為首，日以朔為首。而德則渾渾全全，引之莫知其始，要之莫知其終，更無可為首也。使天德而可為首，則分六龍為六截，豈成片段？『用九』者，全體天德，如環無端。聖人之自強不息，不過如此耳。」〔註58〕

《文言》曰：元者，善之長也；亨者，嘉之會也；利者，義之和也；貞者，事之幹也。君子體仁足以長人，嘉會足以合禮，利物足以和義，貞固足以幹事。君子行此四德者，故曰「乾：元亨利貞」。

述曰：《文言》以天之四德屬於人性，而歸之體乾之君子，故結之曰「乾：元亨利貞」，明天人一體，非故一之，欲二焉而不可得也。

四德皆善，總只是生生之心。元為善之長，非元無所資始，無所根蒂。

萬善皆嘉德也，惟亨則嘉美於此而會，如朱明之夏，百物休暢。

利者，生物之遂，物各得其所而義斯和。〔註59〕利者，天理人情之所宜，其和也利也，如秋之斂實，利成萬物。天下之人交相安而和也。

貞者，靜而正也。貞則萬事依以立，故曰「事之幹」。貞居隆冬，木冬惟幹，華葉盡剝，以歸根也。〔註60〕

項氏曰：「在事之初為善，善之眾盛為嘉，眾得其宜為義，義所成立為事，此一理而四名也。」〔註61〕

然則非聖人則不足以當此位。曰「大人造」者，言此大人之所造為，非大人則不足以有為。「大人」者，聖人之異名。

〔註54〕「者」，《周易集解》作「法」。

〔註55〕李鼎祚《周易集解》卷一《乾》。

〔註56〕《左傳·文公五年》：「天為剛德，猶不干時。」

〔註57〕（明）蘇濬《生生篇·乾》解用九。

〔註58〕（明）蘇濬《生生篇·乾·總論》。

〔註59〕（宋）朱熹《周易本義》：「利者，生物之遂，物各得宜，不相妨害。」

〔註60〕胡居仁《易像鈔》卷五《九卦》：「潛谷鄧氏曰：『木冬惟幹，華葉盡剝，一實而已。』」（明）魏濬《易義古象通》卷一《乾》：「鄧氏曰：「木至冬，華葉盡剝，惟幹獨存。」

〔註61〕（宋）項安世《周易玩辭》卷一《文言元亨利貞》。

「君子體仁，非故體之，仁即其體。」〔註62〕《中庸》曰：「仁者，人也。」元德首出庶物，故「足以長人」。

君子之心皆嘉美之會，三千三百，動容曲中，合禮也。君子之心只在利物，利者，物之所以為心，故「足以和義」。汝吉曰：「以己制物，戾也；裁物適己，屬也」，得和義之意矣。

君子之貞，自其天性靜正，不忒寧極而固，故足以幹事。天道藏不固，即發育萬物無力，貞所以成終而成始者也。

君子能行此四德者，故曰「乾：元亨利貞」。道非人不載，無君子之健，何能行君子之行？吳因之曰：「不是健了，然後行四德行，四德就是健。」

汝吉曰：「四德天德，溥博渾淪，不二之命也；幾微變化，不已之精也。非有為貯，若豫而具也，非有為疏，并其有緒也；天德也。惟君子乾乾，天行不已於誠，以能性至於命，命通乎性，人一天而至道以凝。蓋四德待人而行，而君子則行此四德者也。《易》元亨利貞，他卦不皆具。具之《乾》，有以也夫。」

初九曰「潛龍勿用」，何謂也？子曰：「龍德而隱者也。不易乎世，不成乎名，遯世無悶，不見是而無悶，樂則行之，憂則違之，確乎其不可拔，『潛龍』也。」

述曰：初為龍德，起為世用，宜也。位適居下，與時而潛。道可以易世，不求治世，無必用之心也。隱可以成名，不求成名，無潔身之志也。鄭玄曰：「當隱之時，以從世俗，不自殊異，無所成名也。」〔註63〕「遯者，藏其身而跡不露也。」〔註64〕至於遯世，終其身一無所施而無悶，晦其跡，並晦其心，雖不見是，其遯世而亦無悶，「樂則行之，憂則違之」，若行若違，初無容心。蓋根深寧極自信者，固曰「確乎其不可拔」。汝吉曰：「詎無樂行？適也『憂則違之』，歸於潛蟄以存身。言潛而憂違與樂行並稱，表龍德也。龍德天德，而人之成心盡亡也。『確乎其不可拔』，即乾體剛健堅固之義。」

《紀聞》曰：「潛、見、飛、躍只是一體，雖極於五而非有少加於初，雖居於初而非有少詘於五，然非有確乎不拔之潛，必無聖作物覩之化。」〔註65〕

章氏曰：「霖雨天下，龍德也，即天德也。有天德者必以仁天下為心。時乎不易乎世，不成乎名，未嘗忘天下也，故樂行憂違，確乎不可拔。若止曰不

〔註62〕胡居仁《易像鈔》卷五《九卦》，稱「潛谷鄧氏曰」。
〔註63〕鄭玄《周易鄭注·文言第九》、李鼎祚《周易集解》卷一《乾》。
〔註64〕季本《易學四同》卷七《文言傳》。
〔註65〕張獻翼《讀易紀聞》卷一《乾》。

為世俗移易其潛隱之操，豈成潛龍？」〔註66〕

　　登之曰：「君子依乎中庸，遯世不見知而不悔，潛龍也。非中庸不稱龍，非遯世不悔不稱潛。」

九二曰：「見龍在田，利見大人」，何謂也？子曰：「龍德而正中者也。庸言之信，庸行之謹，閑邪存其誠，善世而不伐，德博而化。《易》曰：『見龍在田，利見大人。』君德也。」

　　述曰：以下卦言，初下三上，而二正當其中。曰「正中」，不潛不躍之時也。聖人在下位，脩身見於世，其道在尋常日用之間，而功在幾微宥密之純，庸言而無不信焉，庸行而無不謹焉。庸信庸謹，皆所以「閑邪而存其誠」也。二龍德在中位，常防人心之危微，有懈怠便與天則不合。閑邪存誠，此正幾先之學，所以言中。倫行中慮，能通天下人心之公而善乎一世，如春融氣和，萬物欣欣，自煦育於善而不知也。無名無功，故曰「善世而不伐」。德博則化，不博不化。無時不謹信，不安止於庸，不離乎誠，德之積而博也，莫不化焉。信焉謹焉，莫窺其利物之跡，而天下皆利見之矣，故曰「君德」。九在田，未當君位，然既離隱，身與物交，其德已有可見，是亦大人之德也。

　　《紀聞》曰：「『庸信庸謹，造次必於是也。』」〔註67〕「閑邪存其誠」，誠無為也。凡有為，皆是邪，皆是妄，此大人無我正己之盡。「然後成〔註68〕真與天地萬物同為一體，然後為體仁，為窮理盡性，至命為天德為君德，然後先天弗違，後天奉時。如此乎，大人之學不可自小也。」〔註69〕

九三曰「君子終日乾乾，夕惕若厲，无咎」，何謂也？子曰：「君子進德脩業，忠信所以進德也。脩辭立其誠，所以居業也。知至至之，可與幾也；知終終之，可與存義也。是故居上位而不驕，在下位而不憂，故乾乾因其時而惕，雖危无咎矣。」

　　述曰：馮琦曰：「君德著於二，君位尊於五。自三以往，無非養其德業之日。而在上下之間，處之尤難。進脩惕厲，求無過以合於道可也。」〔註70〕進德謂日新不已，脩業謂治之使精。〔註71〕德是業之渾涵於心者，豈是有形跡可

〔註66〕章潢《周易象義》未見此語。
〔註67〕程《傳》。《讀易紀聞》引之而不言。
〔註68〕「成」，《讀易紀聞》作「我」。
〔註69〕張獻翼《讀易紀聞》卷一《乾》。
〔註70〕馮椅《厚齋易學》卷四十八《易外傳第十六·文言》。
〔註71〕季本《易學四同》卷七《文言傳》：「進謂日新不已也，脩謂治之使精也。」

見之物？忠信便是所以進德也，忠信即人日用之常心，即人不自欺之本心。不欺其心，然後善可日長，惡可日消，而德進矣。忠信，誠也。脩辭，事事不離忠信以立誠也。自脩自省，言由衷乎？非由衷乎？必由衷而後言。躬能行乎？未能行乎？必先行而後言。言皆有物，此便是居業實地。居有安居不動之意。若出入情偽，則業隳矣。無業不成德。忠信，人有之以易之，不知其至也，心不自欺，其中甚真，其真甚信，至當之德在焉。斯不曰至乎？知其至而實能至之，則天理發動之幾，為吉之先見者，可與坐照，而不迷所往矣。蓋幾動而未形，不若是，非兩出之可以擬而析也，非實至之，猶屬影響，而不免於毫釐千里之差。夫「可與幾」者，其必「知至至之」者也。即忠信、修辭，人能之以由之，不知其終也。事皆不欺，可以盡倫，可以盡物。天道之極歸焉，斯不曰終乎？知其終而實能終之，則天理時措之，宜為物之止歸者，可與執定而不易所守矣。蓋義成而不毀，非利害分數之可以搖而奪也，非實終之，猶間虛妄，而不免於有初鮮終之弊。夫「可與存義」者，其必「知終終之」者也。忠信，人心也。知至而可與幾，則念念皆道心之微，而德以進。脩辭立誠，人事也。知終而可與存義，則事事當天則之實，而業以修。修業所以進德也，是故居下之上，德業日盛而己不有，何有於驕；居上之下，進修方勤而人不忌，何有於憂。其乾乾終日而猶夕惕也。雖以剛居剛，且在危地，而得无咎矣。乾之為德，惟於「惕」字見之。「知至」、「知終」，「惕若」之真體也。吳因之曰：「不是『至之』、『終之』外，另有『可與幾』、『可與存義』。德進業脩，亦不是直待『可與幾』、『可與存義』處。纔見得只至之、終之便完了。」

「忠信」全在「至之」裏面用，然不是懸空，忠信便會至之，都在「修辭立誠」。「修辭立誠」全在「終之」裏面用，也少不得靠忠信作主，故曰不可截然開看。「知至」者，此理之不可復加者都自我身上融會了，如此則於理之微范界限把持得定，拏得穩，決無「差之毫釐，謬以千里」弊病，故曰「可與幾」。「知終」者，此理之不可移易者都自我身上體驗了，如此則裁制之宜在我，而終身可隨取隨足，故曰「可與存義」。若不到「可與幾」、「可與存義」田地，也不喚做「至之」、「終之」。「可與幾」，不可訓作知幾也，是知幾意思，但不是徒以識見論。因「業」用「居」字，故「義」用「存」字。

汝吉曰：「學自下，基自內積，故內卦以德學言。內卦體，外卦用，故外卦以時位言。」

乾象天，《乾》六爻達天矣，然無甚深希有之行，惟約之「庸言」、「庸行」、

「忠信」、「脩辭」，而曰「至」、曰「終」，皆不外也，示人易知易從之旨。躍如矣，然不學欲至之，終之無由焉。故夫子言「忠信不如好學」〔註72〕，而誠意必先致知也。

　　登之曰：「業以不脩辭而隳者什之九，誠以脩辭而漓者亦什之九，故人道莫要於脩辭立誠。雖有忠信之心，而動多乖於天，則修辭之功疎也。修辭自不妄語始。」

　　至何所至，終何所終。知至難矣，知終尤難。天地無終，萬物無終，聖學焉得有終？此言「知終」，蓋自聖人一貫之的言也。通於一，萬事畢，知至亦知終矣。然「知至至之」，才可竭也；「知終終之」，才不可竭也。至於從心不踰矩。而聖學之成，終愈不可窮必也明，終始之大人乎！有開必先之謂幾，聖人不動念而動幾；唯變所適之謂義，聖人不存幾而存義。可與幾則所存者神，可與存義則所過者化。

　　《紀聞》曰：「『知至至之』，以『知至』為重而『至之』為輕。『知終終之』，則以『知終』為輕而『終之』為重。〔註73〕能知此幾，則進退存亡皆先知之；能終守此幾，則進退存亡皆不失其正。此幾之所在，天地造化之體用皆統焉。大人之所以合德、合明、合序、合吉凶者此，知此幾耳。『曰至、曰幾，皆進字意；曰終、曰存，皆居字意。』〔註74〕」〔註75〕

　　接上卦，故可以進；終下卦，故可以居。王《註》：「處一體之極，是『至』也；居一卦之盡，是『終』也。處事之至而不犯咎，『知至』者也，故可與成務矣；處終而能全其終，『知終』者也。夫進物之速者，義不若利；存物之終者，利不及義。故『靡不有初，鮮克有終』。夫『可與存義』焉，其惟『知終』者乎！居下體之上，在上體之下，明夫終終〔註76〕，故『不驕』也。知夫『至

〔註72〕《論語‧公冶長第五》：「子曰：『十室之邑，必有忠信如丘者焉，不如丘之好學也。』」

〔註73〕朱熹《晦庵集》卷四十四《答方伯謨》、（宋）朱鑑《朱文公易說》卷十六《文言傳》：

「知至至之，知終終之」，舊來所說未是。遺書「『知至至之』主知，『知終終之』主終」，蓋上句則以「知至」為重而「至之」二字為輕，下句則以「知終」為輕而「終之」二字為重也。

董真卿《周易會通‧周易經傳集程朱解附錄纂註卷一‧乾》、胡廣《周易大全》卷一《乾》引之。

〔註74〕（元）胡炳文《周易本義通釋》卷七《文言傳》。《讀易紀聞》引之而不言。

〔註75〕張獻翼《讀易紀聞》卷一《乾》。

〔註76〕「終」，王《注》作「敝」。

至』，故『不憂』也。『惕』，怵惕之謂也。處事之極，失時則廢，懈怠則曠，故『因其時而惕，雖危无咎』。」

九四曰「或躍在淵，无咎」，何謂也？子曰：「上下無常，非為邪也。進退無恒，非離群也。君子進德修業，欲及時也，故『无咎』。」

述曰：九四在下卦之上，故有「或躍」之象。在上卦之下，故又為「在淵」之象。進則躍，退則淵，上下進退，未有定擬，故曰「或」也。為邪則入於枉道之私，離群則從其獨善之便。〔註77〕所以言「上下無常」，或躍或處，而非為邪，無必上之意也；「進退無恒」，可出可處，而非離群，無必退之意也。君子進德修業，欲及時而進也。崔憬曰：「至公欲及時濟人，故『无咎』。」〔註78〕本位不中而得正，故曰「非為邪」。「群」指下三陽。

吳因之曰：「『及』字最有味。『時』者是機會，一日也先不得，一日也後不得。先一日便屬躁厲，後一日便屬固滯。『及』者，不先不後，恰好正中機宜之意。但此處重在不後一邊，纔是欲進欲上本旨。」

九五曰「飛龍在天，利見大人」，何謂也？子曰：「同聲相應，同氣相求。水流濕，火就燥，雲從龍，風從虎，聖人作而萬物覩。本乎天者親上，本乎地者親下，則各從其類也。」

述曰：此廣陳利見之義。蓋大人之所以為大人者，已詳於九二「閑邪存誠，德博而化」。五之飛龍在天，則至誠之變化也，物無不從其類者。聲氣無形，相應相求，以同孚也。水火無情，流濕就燥，以性從也。龍變化而雲從，虎有威而風從，神理之感通也。皆出自然，一毫人為不與焉，以發「聖人作而萬物覩」之意。覩之者，親也。「本乎天者親上，本乎地者親下」，天地之間共相感應，各從其類若此矣。「『各從』者，一物親一物而已。至於聖作物覩，無一物不親者，何也？聖人者，三才之宗主，萬物之天地。所謂出乎其類者，故統乎萬類。萬物覩聖人即『利見大人』。」〔註79〕

聲氣水火皆無識，而相感雲龍風虎，明有識之物感無識。龍，神物。虎，

〔註77〕章潢《周易象義》卷一《乾》：
　　九四陽剛不中，在下卦之上，故有「或躍」之象；在上卦之下，故又為「在淵」之象。四陰虛，故象淵。進則躍，退則淵。……苟為邪則入於枉道之私，離群則涉於絕俗之矯。
〔註78〕李鼎祚《周易集解》卷一《乾》。
〔註79〕張獻翼《讀易紀聞》卷一《乾》。按：原出楊萬里《誠齋易傳》卷一《乾》，《讀易紀聞》引之而不言。

巨物。皆大人之象。虞翻曰：「『同聲相應』謂震巽。『雷風相薄』，故『相應』也。『同氣相求』謂艮兌。『山澤通氣』，故『相求』也。離上而坎下，『水火不相射』。乾為龍，雲生天，故『從龍』。坤為虎，風生地，故『從虎』。聖人應乾五位，五動成離，日出照物，皆相見，故曰『聖人作而萬物覩』。」〔註80〕

朱子曰：「天下所患無君，不患無臣。有如是君，必有如是臣。雖使而今無少間也，必有出來。雲從龍，風從虎，只怕不是真箇龍虎。若是真箇龍虎，必生風致雲也。」〔註81〕

上九曰「亢龍有悔」，何謂也？子曰：「貴而無位，高而無民，賢人在下位而無輔，是以動而有悔也。」

述曰：九五，貴之位也。上九在五之上，故貴而無位。何妥曰：「既不處九五之位，故『無民』也。夫『率土之濱，莫非王臣』，既非王位，則民不隸屬矣。」〔註82〕自四而下，以陽居下，皆在下位之賢人。聲應氣求，雲龍風虎，皆從九五，與上無與，故曰「無輔」。其亢如此。升極當降，故「有悔」。《象旨》：「爻言悔，孔子言動悔，吉凶悔吝生乎動，不動則無悔矣。」〔註83〕

登之曰：「龍有亢乎？六位時乘，亢亦龍之一位也。位在則道在。若慮亢之有悔而先處於不亢之地，此智士之所為耳，豈曰龍德？」

亢龍與時偕極，聖人之不得已也，何以悔？曰：聖人居易俟命，甚無樂乎處極重之勢也。凡言亢者，必極重而難反，是以悔。悔亦聖人之情乎？曰：聖人未嘗遠於人情也。情有喜怒哀樂，聖人必不擇樂而避哀。事有吉凶悔吝，聖人必不趨吉而避悔。〔註84〕

「潛龍勿用」，下也。「見龍在田」，時舍也。「終日乾乾」，行事也。「或躍在淵」，自試也。「飛龍在天」，上治也。「亢龍有悔」，窮之災也。乾元「用九」，天下治也。

述曰：此申解爻蘊之情。「下」謂在下而當潛藏。「時舍」謂龍初出潛時寓

〔註80〕李鼎祚《周易集解》卷一《乾》。

〔註81〕黎靖德《朱子語類》卷六十九《易五·乾下》。

〔註82〕李鼎祚《周易集解》卷一《乾》。

〔註83〕熊過《周易象旨決錄》卷一《乾》。

　　　按：俞琰《周易集說》卷二十六《文言傳一》：

　　　爻辭言「有悔」，孔子釋之曰「是以動而有悔也」，蓋吉凶悔吝生乎動，動則有悔，不動則無悔也。

〔註84〕此一節見（明）張振淵《周易說統》卷一《乾》，稱「崔子鍾曰」。然崔銑《讀易餘言》無此語。

於此,猶傳舍之舍。〔註85〕虞翻曰:「二非正位,時暫舍也。」〔註86〕「行事」謂進德修業之事。〔註87〕在上在下,所謂必有事焉者。「自試也」,量可而進,自試其時行之道也。「上治」猶云盛治。三皇以道治,五帝以德治,三王以功治,皆大人尊居五位,治之上者也。〔註88〕亢龍處位之窮,窮則變,變則通,災斯免矣,龍德無必災者也。

乾元「用九」,元,天之心也;九,天之用也。聖人體天之心,用天之道,純是剛健不息,非剛而能柔之謂。敬仲曰:「非乾元則豈能用九而不為所用?能用九則隨時而應,各得其所,在初而潛,在二而見,在三而惕,在四而躍,在五而治,在上而不亢,故曰『天下治也』。」〔註89〕

王《註》:「此全以人事明之也。九,陽也。陽,剛直之物也。夫能全用剛直,放遠善柔,非天下至理,未之能也。故『乾元用九』,則『天下治也』。夫識物之動,則其所以然之理皆可知也。龍之為德,不為妄者也。宜潛而潛,宜見而見。潛而勿用,宜乎必處窮於下也。見而在田,必以時之通舍也。以爻為人,以位為時,人不妄動,則時皆可知也。文王明夷,則主可知矣。仲尼旅人,則國可知矣。」

「潛龍勿用」,陽氣潛藏。「見龍在田」,天下文明。「終日乾乾」,與時偕行。「或躍在淵」,乾道乃革。「飛龍在天」,乃位乎天德。「亢龍有悔」,與時偕極。「乾元用九」,乃見天則。

述曰:「前皆言人事,此多言天道」〔註90〕,而合之人。〔註91〕陽氣雖動,

〔註85〕熊過《周易象旨決錄》卷一《乾》:「項平甫:『舍讀去聲,止也,猶傳舍之舍』,謂龍初出潛時寓於此。」

　　　按:項安世《周易玩辭》卷一《時舍也》:

　　　舍非用捨之捨,舍之則為潛龍矣。捨者,隨其所在而居焉。古語舍訓為置,苟置於此則舍於此,故傳舍亦為傳置。

〔註86〕李鼎祚《周易集解》卷一《乾》。

〔註87〕俞琰《周易集說》卷二十六《文言傳一》:「『行事』行吾分內所當行之事,即進德修業之事也。」

　　　（元）吳澄《易纂言》卷九《文言傳》:「『行事』謂行其進德修業之事。」

〔註88〕蘇濬《生生篇》:「『上治』猶云盛治,三皇以道,五帝以德,三王以功,皆治之上者也。」

〔註89〕楊簡《楊氏易傳》卷一《乾》。

〔註90〕楊簡《楊氏易傳》卷一《乾》。

〔註91〕張獻翼《讀易紀聞》卷一《乾》:

　　　孔穎達云:「『潛龍勿用,下也』一節以人事明之,『陽氣潛藏』一節以天道明之。」

猶潛地中，即人之潛隱勿用也。陽氣在田，萬物化生。「天下文明」，即君德之見也。「與時偕行」，九三乾乾行事，一隨其時〔註92〕，時不息而進修亦不息也。〔註93〕此言天人之合，天人無二也〔註94〕。「乾道乃革」，離下體入上體，適當變革之時。「龍之在淵，革潛而為躍。九四之上進，亦革卑而居尊也。」〔註95〕龍潛、龍見、龍躍，皆非其本位，惟在天乃還其本位，故曰「乃位乎天德」。「裂德與位為二者，位非天位，德非天德。」〔註96〕位以德居，斯為「飛龍在天」。「與時偕極」，知變也，雖處乎上之位而不亢矣。人即時，時即人，皆以明乾元用九之道。潛見飛躍，皆有其則，不可亂，非人為也，故曰「乃見天則」。〔註97〕

登之曰：「天位所以待天德也，故惟飛龍之靈，廼為『位乎天德』。以是知上古有大聖人，必受天命而為天子也。」

《紀聞》曰：「『天下文明』，以文明之運言之。『乾道乃革』，亦以天運言。文謂物之鮮榮，明謂化之先顯。時隱則隱，故初九當退而安於潛藏之幽；時顯則顯，故九二當見而著其文明之化。『與時偕行』，須講得斟酌。蓋無時而不謹者，君子守身之常；因時而加謹者，君子處危之道也。初曰德之隱，二曰德之中，三、四皆曰進德，五曰位乎天德，上不言德者，過中非德也。」〔註98〕

按：王注「潛龍勿用，下也」一節：「此一章全以人事明之也」；「陽氣潛藏」一節：「此一章全說天氣以明之也。」

〔註92〕楊簡《楊氏易傳》卷一《乾》：「九三之乾乾行事，亦隨其時而已矣。」

〔註93〕楊萬里《誠齋易傳》卷一《乾》：「天之健終日而不息，九三之進修亦與之不息，故曰『與時偕行』。」

〔註94〕楊簡《楊氏易傳》卷一《乾》：「知天人之無二，則可以與言易矣。」

〔註95〕楊萬里《誠齋易傳》卷一《乾》。

〔註96〕楊簡《楊氏易傳》卷一《乾》。

〔註97〕楊簡《楊氏易傳》卷一《乾》：

「與時偕極」，則雖處乎上之位而不亢矣。一以貫之，則人即時，時即人。……潛、見、飛、躍，皆有其則，不可亂也，故曰「乃見天則」。

〔註98〕張獻翼《讀易紀聞》卷一《乾》：

「天下文明」，以文明之運言之。「乾道乃革」，亦以天運言。「與時偕行」，須說得斟酌。蓋無時而不謹者，君子守身之常；因時而加謹者，君子處危之道。文謂物之鮮榮，明謂化之光顯。……時隱則隱，故初九當退而安於潛藏之幽；時顯則顯，故九二當見而著其文明之治。……初曰德之隱，二曰德之中，三、四皆曰進德，五曰位乎天德，上不言德者，過中非德也。

按：俞琰《周易集說》卷二十六《文言傳一》：

或曰：乾以德明爻，初曰德之隱，二曰德之中，三、四皆曰進德，五曰位乎天德，獨上不言德，上其有悔而以德者乎？

登之曰：「『用九』，以九為用也，『用』即『德性用事』之『用』。純陽之卦，用皆天則，無一毫之陰滓也。冠以『乾元』，謂以統天之德而用純陽也。乾元之位一，其數九，一者元之體，九者元之用。體與用合，而成變化，肖象於龍。六爻之位。則九之所乘也。」

「乾元」者，始而亨者也；「利貞」者，性情也。乾始能以美利利天下，不言所利，大矣哉！大哉乾乎！剛健中正，純粹精也。六爻發揮，旁通情也。「時乘六龍」，以御天也。「雲行雨施」，天下平也。

述曰：乾具元亨利貞之四德，夫子嘗以乾合元言之，蓋乾健宰天，一氣之運，無方無體，而始於一元。乾元，乾始也。惟無始有始，斯亨始而亨者也。其曰「利貞」，即乾始者之性情也。性為本體，情為發用。若非乾元之德常為之宰，何能以性制情，使情皆如性而得其正利而貞？貞即元之成就也。是乾能以亨嘉之美利利天下，己乃即諸美利斂而歸諸不言，無所不利，而若一未嘗利，此乾之所以為大也。「大哉乾乎」，其剛不斷，其健不息，其中不偏，其正不邪，純乎無雜，粹乎無疵，亶乎精乎，互古而不變者也。蓋乾德之備如是。聖人以三畫成乾，重為六爻，發揮以盡其義。一畫為奇，剛也。三畫純陽，健也。卦有二、五，實尸六龍，「剛健中正」也。而莫一毫陰氣之雜焉，莫一毫厲氣之間焉，純粹且精也。胡瑗曰：「《乾》之六爻，或潛或見，或躍或飛，而跡皆不同，故發越揮散，可以見聖人出處進退之情。」〔註99〕仲虎曰：「曲盡其義者在六爻，而備全其德者在九五一爻。」〔註100〕大人時乘六龍以御天，其行雲行，其施雨施，其治陰陽博暢，天下和平之道也。言聖人之功即乾也。

吳因之曰：「上二節說得元統四德之意已了了，故第三節承而贊之。只看開場獨說一箇『元』字，則三節大意見矣。『始亨』者，乾之始亨；『性情』者，乾之性情。乾之性情只是健。健者，一元無間斷也。當始亨之時，少不得也，是乾之性情。但此時未見其健，惟至於利貞，則是元始之氣，直至於此而未息，綿綿延延，底萬物於成，終收化育之全功。其健何如？故惟性情可見，全要根原說來。言當初這一點生意，直到如今尚無住頭，亨不已而繼之利，利不已而繼之貞，非至健不能也。」

天地之化，雖兼動靜，然靜是主，動是客；靜是內，動是外；靜是常，動

〔註99〕（宋）胡瑗《周易口義》卷一《乾》。又見（宋）李衡《周易義海撮要》卷一《乾》。

〔註100〕胡炳文《周易本義通釋》卷七《文言傳》。

是乘時作用。故元亨雖亦是天地性情，卻是性情發越處，未見其真，惟至利貞，乃歸其本根；還其命脈，乃見其真性。真情，《本義》云：「性情之實。」「實」字最要看。此不獨天地之化，人心動靜之理亦然。若欲明一元統貫之意，則前後好聯屬乾始節，更不消費力，只看著上交贊他便是。程《傳》云：「乾始之道能使庶類生成，天下蒙其美利而不言所利者，蓋無所不利，非可指名也。」如此則「始亨」、「性情」包在「美利」一句內了，甚渾融。「大哉」節上論乾德備矣，故此遂極其形容以贊乾之大。「時乘」節雖說「雲行雨施」，以上屬「元亨」，「天下平」屬「利貞」，然本文語意不可盡斷，但總見可也。聖人之治德意，施布處是元；敷洩無遺，纖悉具備，是亨；漸漸成化是利；化已成是貞。要之，自始至終，只是起初一點德意流注，便是四德皆統於元之意。

　　《紀聞》曰：「『釋《彖》曰性命，此則曰性情。言性而不言命，非知性之本；言性而不言情，非知性之用。』〔註101〕『《彖》言元亨利貞屬之乾，《文言》以屬之君子，乾之德固在君子躬行中也。《彖傳》言雲行雨施屬之乾，《文言》以屬之聖人，乾之功用在聖人發用內也。』〔註102〕『止言利，不言所利，其利大而不容止一事也。若曰利建侯、利女貞、利涉大川，皆言所利者也。』〔註103〕『剛健中正，純粹精』只在乾四德上見。『剛』言四德之運，到此時便始亨，到此時便遂成，初不容阻撓。『健』則年年此始亨遂成，亙古亙今此始亨遂成，不容停息者也。『中』言元亨恰好這些氣候，利貞恰好這些氣候，此無太過，彼無不及。『正』則元亨行始亨事，利貞行遂成事，此無侵於彼，彼不犯於此。『純』是純一不雜，如七分醞釀始物之氣，卻有三分陰柔不始之氣雜之，便不純矣。惟乾則元之時純是一段始物之氣用事，亨之時純是一段生物之氣用事，至利貞莫不然，更無一毫陰柔之氣雜乎其間焉。『粹』是粹美無惡，如元本沖和之氣，始物矣，若稍有一毫厲氣雜之，便欠粹矣。惟乾元始之氣極其沖和休美，至亨利貞皆極其沖和休美，更無一毫邪惡之氣雜乎其間焉。『精』者，元始亨通，利遂貞成，皆維天之命，至微至妙，上天之載，無聲無臭，有不可以粗跡形容者。乾陽故剛健，陽居二故中，陽居五故正。六爻純陽，故『純粹精』。」〔註104〕

〔註101〕胡炳文《周易本義通釋》卷七《文言傳》。《讀易紀聞》引之而不言。
〔註102〕胡炳文《周易本義通釋》卷七《文言傳》。《讀易紀聞》引之而不言。
〔註103〕楊萬里《誠齋易傳》卷一《乾》。《讀易紀聞》引之而不言。
〔註104〕張獻翼《讀易紀聞》卷一《乾》。

君子以成德為行，日可見之行也。潛之為言也，隱而未見，行而未成，是以君子弗用也。

述曰：此以下申解爻蘊之至精。「君子以成德為行」本上章，行此四德之義。總言其德行有諸身，當章著於用者。此君子之常，不應潛隱。今曰潛者，以時未可見，故須潛也。金賁亨曰：「行而未成非謂德。未成，蓋時猶未可行耳。或世道未亨，或君聘未至，未能成其所以行」〔註105〕，「是以君子弗用也」。

敬仲曰：「潛有二義：有德已成，時未可行而潛者；有德未成，未可以推而及人者。」〔註106〕此言時隱而未見，德行而未成，君子不敢遽用於世也。龍德天德，苟未盡精一之至，於天德猶未渾成而一也。二謹信，三進脩，四及時，《易》爻至五為成德之地。初在下，故言「未成」。程子謂「『未成』者，未著也」〔註107〕。時當潛而所行未著，以舜之側微當之，得之矣。

君子學以聚之，問以辨之，寬以居之，仁以行之。《易》曰「見龍在田，利見大人」，君德也。

述曰：「君德」即九二乾體，學、問、寬、仁以進德也。夫德患其不聚，為己有耳。不學則不聚。學者著察於庸言庸行之間，日覺與我湊泊也，所謂聚也。學必問者，防臆見也，問以盡人人，合而聽之則天，故曰「問以辨之」。夫不大其心，不能體天下之物，惟寬則容，容乃公，惟寬則虛，虛乃受，是居德之地也。然必無私之盡，庸信庸謹，渾然本體為一，而后德斯成也，故「曰仁以行之」。歸於體仁，長人之德焉，此之謂君德，而文明之見、德施之博在其中矣。

楊廷秀曰：「夫學以取善，故眾善集；問以明善，故一不善不入也。」〔註108〕寬居謂涵養，寬裕使心大而百物皆通。仁行謂心之全德生生不窮，與天同運，無一息間斷。

吳因之曰：「『庸言之信四句』是『成德』，此是德之所由成。《坤》『六二：直方大』是『成德』，敬義是德之所由成。」周用齋〔註109〕曰：「學聚、問辨、

〔註105〕（明）金賁亨《學易記》卷二《論六十四卦並象象文言》。
〔註106〕楊簡《楊氏易傳》卷一《乾》。
〔註107〕程《傳》。
〔註108〕楊萬里《誠齋易傳》卷一《乾》。《讀易紀聞》引之而不言。
〔註109〕張振淵《周易說統》引其說較多。
　　按：（明）沈德符《萬曆野獲編》補遺卷三《士人·周解元淳樸》：「周用齋〔汝礪〕，吳之崑山人。文名藉甚，舉南畿解元。」當即其人。

寬居、仁行，有自強不息之意，乾道也。《坤》六二『敬以直內，義以方外』，有收斂慎密之意，坤道也。」

九三重剛而不中，上不在天，下不在田，故乾乾因其時而惕，雖危无咎矣。

述曰：彭山曰：「『重剛』者，因六爻皆陽而發，唯乾可以言之。先儒皆謂九三以陽居陽為重剛，則與九四之重剛相礙，而非所以語乾矣。『不中』者，九三不在中位。三當內體之上，人位之陽，未至於天，則非五之可以大行矣。已離於田，則非二之可以自善矣，至危之地也。因其時而乾乾惕若不少息焉，然後可以无咎也。」〔註110〕

諸理齋曰：「先言『重剛』者，其惕厲自重剛來也。上不及五，下已過二，此正言其當事任而為危地也。獨言二、五，以中言不中也。」

九四重剛而不中，上不在天，下不在田，中不在人，故或之。或之者，疑之也，故「无咎」。

述曰：九四重剛不中，與九三義同。上而在天，造其極者也；下而在田，守其常者也。三為人位，而猶在下體，四則離下而上矣。時方在進，不可退步，進亦不可輕也，時亦不可失也，故「或之者，疑之也」。疑者，停審慎重之意，无咎之道也。

諸理齋曰：「蓋言其離下而上，改革之時也，故遂承言其非已。在位非方，出潛非正。修德業所以『上下無常，進退無恒』也。或者，跡之未定。疑者，心之未決。疑故審，自審而進，故无咎。」虞仲翔曰：「以乾接乾，故『重剛』。位非二、五，故『不中』也。」〔註111〕仲虎曰：「憂所當憂，卒於無憂；疑所當疑，卒於無疑。」〔註112〕

敬仲曰：「在他卦重剛而不中必有凶，而此則雖危疑而无咎者，乾乃聖人之德，重剛則剛健之至德。他人之重剛則為剛過，此之不中乃謂所居之位不中，他人之不中為德之不中，隨卦象而見也。」〔註113〕

夫大人者，與天地合其德，與日月合其明，與四時合其序，與鬼神合其吉凶。先天而天弗違，後天而奉天時。天且弗違，而況於人乎！況於鬼神乎！

述曰：大人德合天地，合乾坤之元德也。明合日月，序合四時，吉凶合鬼

〔註110〕季本《易學四同》卷七《文言傳》。
〔註111〕李鼎祚《周易集解》卷一《乾》。
〔註112〕胡炳文《周易本義通釋》卷七《文言傳》。
〔註113〕楊簡《楊氏易傳》卷一《乾》。

神，乾道之變化也。皆大人上治之功。如此存之為天德，故曰「先天」；動之為天道，故曰「後天」。總在上四句都包有了，下面抽出，重在「弗違」上去耳。非合德之外，又有先天、後天之功也。「天不違」，天之從之也；「奉天時」，天與之應也。諸理齋曰：「『天且弗違，而況於人乎』，其能違之而不利見之乎？『況於鬼神乎』，其能違其感應自然之機而使其不利見之乎？」

「天地以全體言，鬼神則各有所司存，如風雲、雷雨、社稷、山川之類，皆鬼神所在。〔註114〕鬼神言其功用，天地言其主宰。『覆載無私之謂德，照臨無私之謂明，生息無私之謂序，禍福無私之謂吉凶。』〔註115〕『九二大人，於道不容不用力，至此則與道為體，無所容力矣。』〔註116〕」〔註117〕

吳因之曰：「『先天』二句總是一件。《文言》只要狀他橫行直撞，與天為一，故分箇先後形容之。如堯、舜之禪受，湯、武之放伐。分四時，別五常，制禮作樂，網罟舟車，天地間一切開先創造者，總是天地間未有之事，然畢竟是天地間原有之理，以其創乎前之所未有，則曰『先天』；以其本乎理之所原有，則曰『後天』。其實一也。『天弗違』者，道理不能違大人；『奉天時』者，大人不能違道理。一是默契，一是奉行，見大人渾身是天。」

登之曰：「有開必先，先天之學也，妙用皆在後天奉時中。」程子云：「聖人不先天以開人，各因時而立政。」〔註118〕大人心通天地之先而用必後天，事起天地之後而智必先天。先天者，後天之體；後天者，先天之用也。先天、後天二之則不是，惟見天則者能一之。天下有道，庶人不議；天下有道，其鬼不神。大人握先天之柄，故莫之能違也。

亢之為言也，知進而不知退，知存而不知亡，知得而不知喪。其唯聖人乎！知進退存亡而不失其正者，其唯聖人乎！

述曰：潛之為言，言君子者再，必君子而後能潛也。亢之為言，言聖人者再，必聖人而後能亢也。〔註119〕登之曰：「亢亦龍德，非聖人不能亢，非亢不

〔註114〕（明）蔡清《易經蒙引》卷一中《乾》：「天地以全體言，鬼神則各有司存。如風雨、雷露及草木所以榮悴之類，皆鬼神為之也，皆天地之功用也。」
〔註115〕楊萬里《誠齋易傳》卷一《乾》。《讀易紀聞》引之而不言。
〔註116〕胡廣《周易大全》卷一《乾》，稱「雲峯胡氏曰」。《讀易紀聞》引之而不言。
〔註117〕此一節見《讀易紀聞》卷一《乾》。
〔註118〕朱熹《晦庵集》卷三十《與張欽夫》，非程子語。
〔註119〕胡炳文《周易本義通釋》卷七《文言傳》：
　　　　初九曰「潛之為言也，隱而未見，行而未成」，二句釋一「潛」字，而言君子者再，蓋必君子而後能安於潛也。上九曰「亢之為言也，知進而不知退，

足以見聖人。蓋龍德知進知退、知存知亡、知得知喪，不至於極重不反之地。而亢獨不然，進不思退，存不思亡，得不思喪，時勢之所驅迫。至於履盈滿，被疑謗，冒天下之大不韙所不避也，非聖人能若是乎？聖人實非『知進而不知退，知存而不知亡』者也。而當亢之時，以進為正，安得顧其退；以存為正，安得慮其亡。然則其進不思退，存不思亡，乃其所以知進知退、知存知亡而不失其正也，故曰『知進退存亡而不失其正者其唯聖人乎』。再言聖人，以見亢之為龍也。曰『知進而不知退，知存而不知亡，知得而不知喪』者，據其亢之跡；曰『進退存亡而不失其正』者，究其亢之心。」

吳因之曰：「進退、存亡、得喪相因，此必然之理，所以明彼以亢致悔，往往有絕人才智，何故獨不明此？只為他欲進欲存欲得之心勝了，故只見這一邊，更不見那一邊，縱必敗之形已兆，徑當面錯過不見，若此等人，僅可旁觀，不可當局。聖人胷中無物，原不曾留戀進、存、得之心，故這一邊障蔽他不得；原不曾有規避退、亡、喪之心，故那邊如燭照數計。語云：身在睫中不見睫。此語最有味。知進退、存亡，不是在進退、存亡上看出來；『不失其正』，不是在進退、存亡上處得來。聖人自是大網罟，成天地間只有一箇消息盈虛道理。天地之闔闢，日月四時之禪代，陵谷之變遷，鬼神之屈伸，人物之代謝，世事之進退存亡，總是此理。聖人一身渾是造化，自作止語默之間，以至出處行藏之際，那一件不是陰陽消息盈虛之理流行變化於其身，而善處進退存亡者自在中耳。此事從天下看，聖人處得妙，遂以為神化莫測；在聖人直如饑渴飲食，家常茶飯，不足異也。」

王汝中曰：「《乾》之為卦，或潛或見，或惕或躍，或飛或亢，位雖有六，不過出處兩端而已。內體主處，外體主出。潛，處之極也。亢，出之窮也。見與飛，上下之交也。惕與躍，內外之際也。六者，君子終身經歷之時。知處而不知出，此心固也；知出而不知處，此心放也。皆所謂意必也。乘龍御天，莫大於時。君子素位，無入而不自得，以其無時而非學也。良知者，氣之靈，謂之乾知，亦謂之明德。『大明終始』，明乎此而已，君子之學也，故曰『君子以此洗心，退藏於密』。密之時義大矣哉！」〔註120〕

「用九」曰，項氏曰：「『用九』者，《乾》之《坤》，《坤》之《文言》即

知存而不知亡，知得而不知喪」，三句釋一「亢」字，而言聖人者再，蓋必聖人而後不至於亢也。

〔註120〕（明）王畿《大象義述》。（吳震編校整理《王畿集》，鳳凰出版社2007年版，第653頁）

用九之《文言》也。「用六」者，《坤》之《乾》，《乾》之《文言》即用六之《文言》也。《乾》為〔註121〕用九，故可變為《坤》。使用七，則終於《乾》矣。《坤》惟用六，故可變為《乾》。使用八，則終於《坤》矣。是故「用九：見群龍之無首」，「首」者，終窮之地，忽焉俱化，不見其終，此用九之所以為善變也。「用六：利永貞」者，久也，言用六則能久，以其善變也。乾為大，坤為小，坤之終見乾而不見坤，故以大終也。乾主知，故曰「見」，言吉在見此理也；坤主行，故曰「利」，言利在行此事也。九、六變，七、八不變者，揲蓍之法，遇純則變故也。」〔註122〕

「大哉乾元」節，「此《彖傳》辭，所以釋卦辭也，說者曰孔子之辭」〔註123〕。「凡《彖》皆以易象與天道雜言，見《易》之所象皆天道也；以人事終之者，見《易》以天道言人事也。六十四卦之例也。」〔註124〕「『大哉』，歎辭。」〔註125〕「『乾』者，純陽之名。『元』者，陽氣發生之始。在《易》象，則奇爻一畫之始也。凡物以一該眾曰統。萬化皆始於元〔註126〕之一字，足以統天之全德；萬變皆起於奇〔註127〕之一畫，足以統《易》之全象。此元之所以為大也。」〔註128〕

楊氏曰：「『大哉乾元』，何大乎？乾，元也，乾之大者以元而大也。何謂元？曰：是不可言也。其陰陽未形之初乎？肇而一謂之元，一而二謂之氣，運而無息謂之道，融而無偏謂之和。天非和不立，物非和不生。莫之令而令其和者曰命，莫之稟而稟其和者曰性。孰為此者？乾之元而已。故萬物眾矣，資取於此而後始；天大矣，總統於此而後立；性命妙矣，保合於此而後利正。其變也，新故為無常；其化也，消息為無跡。謂有物耶？雲行雨施，莫見所自來。謂無物耶？品物流形，何為而有是象？莫見其所自來者，其物之始乎？何為而有是象者，其物之終乎？始而終，終而始，始而復始，終而復終。始終變化而未已，此陰陽不測之妙也。曷為變？曷為化？是不可勝窮也。試觀雲行乎炳而黃，黯而蒼，此「雲行」之變也；倏而有，忽而亡，此「雲行」之化也。變者跡之遷，化者神之逝。天地造化，皆若是而已。大明於始終之道者，非作《易》

〔註121〕「為」，《周易玩辭》作「惟」，與下「《坤》惟用六」同。
〔註122〕項安世《周易玩辭》卷一《用九用六文言》。
〔註123〕楊萬里《誠齋易傳》卷一《乾》。
〔註124〕項安世《周易玩辭》卷一《彖》。
〔註125〕朱熹《周易本義》。
〔註126〕此處《周易玩辭》有「故元」。
〔註127〕此處《周易玩辭》有「故奇」。
〔註128〕項安世《周易玩辭》卷一《大哉乾元萬物資始乃統天》。

之聖人，孰與於此？是故體此道以居《乾》爻之六位，則時行時止，而聖德成；執此道以乘《乾》之六龍，則時飛時潛，而天位正。此其所以『首出庶物』而『萬國咸寧』者歟？」〔註129〕

九五曰，項氏曰：「三與四，同其危者也。三在下，故專言進脩；四在上，故言進脩之用。二與五，同其安者也。二在下，故專言中德；五在上，故言中德之用。『聖人作』以解『飛龍在天』，『萬物覩』以解『利見大人』。此章上下文皆演說此一句。『聖人』者，先得我心之同然者也，故為同聲同氣之義。聖人之於人亦類也，故為各從其類之義。此皆為聖作物覩言之。」〔註130〕

上九曰，項氏曰：「『天德』者，貴下喜中而忌上者也。四在上卦而能居下，五在上卦而得中位，三在下卦之上猶有下義，亦可以无咎也。惟上九一爻，無中無下，惟有上義而已。無中則無位，下下則無民，此最天德之所忌也。然而所忌之性無所凝滯，窮則能變，必無遂亢之理，故爻辭不言凶咎，止言有悔，悔則能變也。《象》與《文言》亦皆言時而不言德。又曰『窮之災也』，明出於天，非人為也。蓋有龍德者，必不至於上窮而不返，故雖亢矣，而猶稱龍焉，以見時有亢而德無窮也。」〔註131〕

「乾元」者節，上四節申前意，已盡《乾》之六爻，此釋「乾：元亨利貞」，以申首節之蘊。《乾》統諸卦之首，元貫四時之中，故曰「乾元」，又曰「乾始」。「物既始則必亨，既亨則必利，利之極必復於元。貞者，元之復也。以八卦言，則震其元也，故為出；巽則既出而將相見也，故為齊；離其亨也，故為相見；坤則既相見而將利之也，故為役；兌其利也，故為悅；乾則既悅而將入於貞也，故為戰；坎其貞也，故為勞；艮自貞而將出為元也，故為萬物之所終始。合而言之，曰太極，其乾元之謂乎！」〔註132〕「始而亨者，乾之事業；利而貞者，乾之性情。性情，指本體言。利者，散而為萬；貞者，合而為一。已散而復合，已萬而復一，言乾性純一，其情不貳，故雖萬有一千五百二十，而其所謂虛一者，未嘗動也。」〔註133〕「『剛』以體言，『健』兼用言。『中』者，無過不及。『正』者，其立不偏。四者乾之德也。」〔註134〕朱子以此為乾之德，則「元

〔註129〕楊萬里《誠齋易傳》卷一《乾》。
〔註130〕項安世《周易玩辭》卷一《聖人作而萬物覩章》。
〔註131〕項安世《周易玩辭》卷一《亢龍有悔章》。
〔註132〕項安世《周易玩辭》卷一《乾元乾始》。
〔註133〕項安世《周易玩辭》卷一《性情也》。
〔註134〕朱熹《周易本義》。

亨利貞」不可為乾之德明矣。「『純』者不雜於陰柔，『粹』者不雜於邪惡。蓋剛健中正之至極，而精者又純粹之至極也。」〔註135〕「『剛健中正』以奇畫言之，『純粹精』以六畫言之。聖人以一奇立萬化之本，〔註136〕體剛健，至專至一，其用中正，至當至平。復以六畫備一奇之變，自始至終，無時而不剛健；自進至退，無往而不中正。此所謂『純粹精』也。」〔註137〕

坤☷ 坤下坤上

彭山曰：「此伏羲所重六畫卦之《坤》也。坤，順也。健順合德，而後陽剛不過，故《坤》次《乾》焉。」〔註138〕

吳因之曰：「乾道本至正，坤道本至順，然陽之性體往往過剛妄動，又有不正可慮；陰之性體往往柔躁不能自守，又有不能常順可慮。只為得乾坤而未純耳。若得其純，自是至正至順，何嘗有此？」

坤減乾之半，此他本來資稟、才力、分量之不同。雖均是聖人，卻有天道人道之別。坤之資稟雖稍不如乾，然想牝馬之貞意思，他量己量人，錙銖不爽，一切好勝客氣終始一毫不起。如這事未該到我做，憑他滿眼風波，按定不動。若論自家分量上，便會趨時如赴也，決不錯過了機會。除了純陽至健，旋乾轉坤手段就是他了。天地間也只有這兩樣異人。

蔡汝楠曰：「《坤》六爻，初言坤之機，二言坤之學，三言坤之分，四言坤之時，上言坤之極，而五為君道焉。《易》有坤之聖人，有坤之君道，其質不同，協於道則一也。」〔註139〕

坤：元亨，利牝馬之貞。君子有攸往。先迷後得，主利。西南得朋，東北喪朋，安貞吉。

《彖》曰：至哉坤元！萬物資生，乃順承天。坤厚載物，德合無疆。含弘光大，品物咸亨。牝馬地類，行地無疆。柔順利貞。君子攸行，先迷失道，後順得常。「西南得朋」，乃與類行；「東北喪朋」，乃終有慶。安貞之吉，應地無疆。

述曰：《象旨》：「坤順乾之健，故亦為『元亨』。牝馬貞於牡，以陰從陽也。

〔註135〕朱熹《周易本義》。

〔註136〕此處《周易玩辭》有「其」，與下「其用中正」同。

〔註137〕項安世《周易玩辭》卷一《純粹精也》。

〔註138〕季本《易學四同》卷一《坤》。

〔註139〕（明）蔡汝楠《說經箚記》卷一《易經箚記·坤卦》。（《四庫全書存目叢書》第149冊，第17頁）

《說卦傳》曰：『乾為馬。』《坤》言『利牝馬』，明其配乾也。」〔註140〕干寶曰：「行天者莫若龍，行地者莫若馬，故乾以龍絲，坤以馬象。」〔註141〕「牝馬之貞」，順中有健也。〔註142〕陽明陰暗，陽先陰后，陽唱陰和，理之常也。「君子有攸往」，「先乾而行，則迷而失道；後乎乾則得乾為主而利。」〔註143〕虞翻、盧氏「得主」為句者，是利即有常也。「『西南得朋』，後天卦位，坤居於西南也。《記》曰：『陽氣始於東北而盛於東南，陰氣始於西南而盛於西北。』蓋西南坤之本鄉。兌、離二女同坤居之，是為『得朋』。出而從乾，震、艮、坎三男同居矣，故『喪朋』。龍昌期謂『陽朋陰朋』者得之。」〔註144〕章氏曰：「在西南以得朋為利，陽已藏而坤用事，代有終也；在東北以喪朋為利，陽方進而坤退聽，地道無成也。皆以乾為主而安於牝馬之貞，故言『安貞吉』。」〔註145〕

坤為純陰，陰之純則順之至。順之至者，順乎陽也，所以《乾》「元亨」，《坤》亦「元亨」，而所利者「牝馬之貞」。《紀聞》曰：「物之牝者，皆能順陽。求其從一不變，莫牝馬若也，故稱『牝馬之貞』。」〔註146〕章氏曰：「陰畫中虛，受乾取象。牝馬配牡，有資生不窮之義焉。」〔註147〕「『元亨，利牝馬之貞』，已盡坤之全體。君子以下則申占詞。」〔註148〕蓋乾無不統，坤統於乾者，

〔註140〕熊過《周易象旨決錄》卷一《坤》。

　　按：俞琰《周易集說》卷一《坤》：「坤順乾之健，故其占亦為『元亨』。……坤道以陰從陽，其貞如牝馬之從牡則利，故曰『利牝馬之貞』。」

〔註141〕李鼎祚《周易集解》卷二《坤》。

〔註142〕季本《易學四同》卷一《坤》：「貞本靜體，而以牝馬言，見坤之貞順中有健也。」

〔註143〕熊過《周易象旨決錄》卷一《坤》：「陽明陰暗。先乾而行，則迷而失道；後乎乾，則得乾為主而利。」

　　按：俞琰《周易集說》卷一《坤》：「坤從乾而行，先乎乾則迷而失道，後乎乾則得乾為主而利，故曰『君子有攸往。先迷後得，主利。』」

〔註144〕熊過《周易象旨決錄》卷一《坤》。

〔註145〕季本《易學四同》卷一《坤》：

　　坤在西南，當陰之時也，則可以從其黨類而行，蓋其時陽已藏而坤用事，所謂「代有終」也，故以得朋為利。若在東北，陽進之時也，坤於此時當退聽而失其黨類，不敢有為，所謂「地道無成」者也，故以喪朋為利。……「安」，順也。「貞」即「牝馬之貞」也。安於牝馬之貞則順，中有健，「利有攸往」，所以「吉」也。

〔註146〕張獻翼《讀易紀聞》卷一《坤》。

〔註147〕章潢《周易象義》卷一《坤》。

〔註148〕董真卿《周易會通·周易經傳集程朱解附錄纂註卷二·坤》、胡廣《周易大全》卷二《坤》，稱「雙湖先生曰」。張獻翼《讀易紀聞》卷一《坤》。引之而不言。

為人臣子之道也。

吳因之曰：「坤順而言健，何也？曰：守得這柔順堅確，故有健象。柔順而不堅確，則不足以配乾矣。蓋陰體柔躁，只為他柔所以躁。躁是那欲動而不得動之意，剛則便動矣。柔躁不能自守，所以說『安貞吉』。」

「大哉乾元，萬物資始」，氣之始也；「至哉坤元，萬物資生」，形之始也。此一元也。乾始之，坤順承之，順天以藏，順天以舒，而為元氣之興也，故贊之曰「至哉」，其至也厚也。蜀才曰：「坤以廣厚之德載育萬物，無有窮竟。天有無疆之德而坤合之也。」〔註149〕汝吉曰：「方靜而翕，含斯萬物歛之，其腹內充自實，迨時而闢。其含為光，昭明六合，炳炳章章，品物於是咸亨矣。蓋元也，亨也，坤之所以合德無疆也。於言其利，必也牝馬之貞乎？」侯果曰：「地之所以得『無疆』者，以卑順行之故也。馬之所以『行地無疆』者，以其柔而伏人也。而又牝馬，順之至也。」〔註150〕「至順而後乃亨，故惟利於牝馬之貞。」〔註151〕「君子法之，以攸行也。」〔註152〕至柔理氣，大順秉心，不敢以貳而利其貞，無為物先，先之斯迷，失道甚矣。『失道』，失坤道也。」〔註153〕曰惟處後，以順所主，隨而不宰，應而靡倡，則得坤道之常也。方西以南，坤為致役，齊乎巽，見乎離，說乎兌，得朋也；方西以北，戰乎乾，勞乎坎，成乎艮，復出乎震，喪朋也。得朋而坤德茂，以代乾也；喪朋而坤德藏，以從乾也。〔註154〕物之成始成終皆乾德。坤之西南東北，無往不順承乎乾，故曰「乃終有慶也」，是「牝馬之貞」也。安處其貞順以健全，應地配天，吉也。夫「安貞」，安止也。曰「應地無疆」，地道安止之盡也。

吳因之曰：「乾元資始，坤元資生，這箇只爭一施一受之間。如父精一施而母受之，男女之氣便從此始了。此時雖母氣融合，然全是父氣所施者為主。及既受此氣而醞釀之，男女便始有形了。此形雖根原於父氣，然醞釀之功，母氣為多。凡施者必先一步，受者必後一步。雖先後只爭毫末，然就各有所重，故資始資生分屬天地，其實皆不相離。『亨利貞』道理亦然。」

質卿曰：「坤，地也，陰也，主靜，主受。陽施陰受，合而成造化。乾之

〔註149〕李鼎祚《周易集解》卷二《坤》。
〔註150〕李鼎祚《周易集解》卷二《坤》。
〔註151〕王《注》。
〔註152〕趙汝楳《周易輯聞》卷一上《坤》。「法」，《周易輯聞》作「體」。
〔註153〕張獻翼《讀易紀聞》卷一《坤》。
〔註154〕章潢《周易象義》卷一《坤》：「可見朋之得也，以代乾也；朋之失也，以從乾也。」

元能統天，坤之元乃順承天也。夫乾元資始萬物而統天，其德無疆矣；坤包於天而能配乾者，坤德至厚，足以承載萬物。是以乾元一施而坤即順以承之，方資始而遂生之，合德於乾元之無疆也。坤虛而受其含弘，坤美而章其光，大而資生之品物於是乎咸亨，皆一元之流貫也。坤元豈不至矣哉？曰『利牝馬之貞』者，牝馬柔順而利貞，君子法坤者之所常行也。辭不云乎？曰：『先迷後得』，先之迷，失柔順利貞之道也；後之得，得柔順利貞之道也。非君子豈能審於先後之分耶？曰『西南得朋，東北喪朋』，一得一喪，皆柔順利貞之則也，故『乃終有慶』。非君子豈能審於得喪之間耶？凡此皆安於『牝馬之貞』而吉，所以『應地無疆』也。地以其順而合天之無疆，君子以其順而應地之無疆，歸於天道之無疆而已矣。」《紀聞》曰：「乾言『不息』，其至久之德耶？坤言『無疆』，其至大之業耶？」

王《註》：「地所以得『無疆』者，以卑順行之故也。乾以龍御天，坤以馬行地。地也者，形之名也。坤也者，用形者也。兩雄必爭，二主必危，有地之形，與剛健為偶，而以永保無疆，用之者不亦至順乎？若夫行之不以牝馬，利之不以永貞，方而又剛，柔而又圓，求安難矣。」

章氏曰：「其所以攸往者，往西南則得朋類，往東北則失朋類。以八卦方位言之，巽、離、坤、兌居西南，皆陰之朋；乾、坎、艮、震居東北，皆陽之朋。以定位言之，坤位西南，而致役乎坤，得朋也，所以坤『代有終』者皆陰也；艮位東北，而成言乎艮，失朋也，所以艮之成始而成終者皆陽也。得朋固與巽、離陰類而同行，失朋則可從陽艮。終而有慶，是西南東北無往不順承乎乾健者，坤之道也。彼以陰必從陽，離喪朋類，乃能成化育之功者，是專以東北為利也。以坤常減乾之半，必之西南，則『終有慶』者，又專以西南為利也。諸家惟見涉一偏，故於卦辭則以『主利』為句。至《文言》『後得主』下疑脫『利』字。皆非也。知得朋喪朋之皆利為地道之正，所以君子體此攸行，不擇地而安，故安貞之吉應乎『地道無疆』矣。」〔註155〕

《象》曰：地勢坤，君子以厚德載物。

述曰：地道無為，其勢卑順，高下相因之無窮，故曰「地勢坤」。〔註156〕坤，柔德之積也。積德之厚，則無物不載矣。敬仲曰：「為物所動者，不足以言載物，不足以言厚德。君子中虛，心實無疆，無疆則何所不容，何所不

〔註155〕章潢《周易象義》卷一《坤》。
〔註156〕楊簡《楊氏易傳》卷二《坤》：「地勢在下，其勢卑順，故曰『地勢坤』。」

載？」〔註157〕章氏曰：「地之所以厚載者，以隤然處萬物之下也。君子卑法地，而不能慮以下人，奚可哉？」〔註158〕汝中曰：「天常本厚。天常者，人生所稟之常性。厚於躬則身修，厚於倫理則家和，厚於下則邦寧，厚於風俗則化成。合諸說而厚德載物之義備矣。」

初六：履霜，堅冰至。　《象》曰：「履霜，堅冰」，陰始凝也。馴致其道，至堅冰也。

述曰：坤本資生，而霜則肅殺之徵，坤始何以象履霜？陰主殺也。陰氣始結為霜，盛則水凍為冰，故其象履霜，即知堅冰之至。其端甚微，其勢必盛，其初不可不慎也。聖人謹初每類此。「履」即初象。「履霜」象初六，「堅冰」象上六。「『履霜』者，防龍戰之漸；『龍戰』者，成堅冰之禍。」〔註159〕褚氏曰：「陰陽之氣無為，故積馴履霜，必至於堅冰。以明人事有為，不可不制其節度。故於履霜而遂以堅冰為戒，所以防漸慮微，慎終於始也。」〔註160〕

彭山曰：「『馴』，狃習也。『其道』，陰道也，陽亦有資於陰者。一陰之生，即有隕自天之意，非必不善也。但陰以從陽為正，既往而陰無所繫，則躑躅而不可制矣。」〔註161〕

敬仲曰：「陽為君子，陰為小人。陽為善，陰為惡。惡之始萌，戒不可長，故兢兢業業以研幾也。敬則幾善，不敬則幾惡。智者於履霜而知堅冰之將至，故兢業。愚者則曰未必至此，故卒罹其禍。君子以此治己，以此治人。」〔註162〕

六二：直方大，不習無不利。　《象》曰：六二之動，直以方也。「不習無不利」，地道光也。

述曰：《象旨》：「朱先生曰：『德合無疆，坤之大也。』以六居二，得坤道

〔註157〕楊簡《楊氏易傳》卷二《坤》。
〔註158〕章潢書中未見此語。
〔註159〕崔銑《讀易餘言》卷一《易》。
〔註160〕孔《疏》：
　　　褚氏云：「『履霜』者，從初六至六三；『堅冰』者，從六四至上六。」陰陽之氣無為，故積馴履霜，必至於堅冰，以明人事有為，不可不制其節度。故於履霜而逆以堅冰為戒，所以防漸慮微，慎終於始也。
　　　（清）孫星衍《孫氏周易集解》卷一《坤》據《疏》錄「褚氏曰：『履霜者，從初六至六三；堅冰者，從六四至上六』」。
　　　據此，則此處所引實為孔《疏》，而非褚氏之說。
〔註161〕季本《易學四同》卷三《彖象爻上傳》。
〔註162〕楊簡《楊氏易傳》卷二《坤》。

之正，則無私曲，故直；居坤之中，則無偏黨，故方。敬仲以為《坤》之『至』與〔註163〕《乾》之『大』非有異，無所優劣。」「不習無不利」與《乾》之「利天下，不言所利」同也。此坤體合乾之妙。

「《象》曰『六二之動』，指君子言，『地道』亦以人事言，六二之道即地之道也。六二獨言地，以見《坤》之主爻。」〔註164〕「『無不利』，得時當位，居中處下也。」〔註165〕「《乾》六爻莫盛於五，《坤》六爻莫盛於二。」〔註166〕「乾者，剛健中正之卦。九五者，剛健中正之爻。坤者，柔順中正之卦。六二者，柔順中正之爻。蓋惟其柔順中正，故為『直方』且『大』。惟其得坤道之純，故『不習無不利』也。」〔註167〕

「六二以陰居陰，乃曰動、曰直以方，皆於虛中之象見之，而實本諸乾。」〔註168〕「所謂動者，承天而順動也。」〔註169〕「地道之光，自然而然。人之德能如地道之內直外方，而又盛大，則豈待學習而後利乎？」〔註170〕

六三：含章可貞，或從王事，無成有終。　《象》曰：「含章可貞」，以時發也。「或從王事」，知光大也。

述曰：《象旨》：「三有陽德，為章。以陰居之，有收斂之意，故為『含章』，是其可貞之道也。以其位陽而居下卦之上，故云『或從王事』。三、五同功而非正應，稱『或』。陰體臣分，故從而不造，不敢居其成功，以居下卦之終，故『代終』也。龍昌期以『成』訓『制』，『終』訓『就』，義為近之。」〔註171〕徐氏曰：「『從』者，不敢造始之意。『成』謂專成，『無成』謂以陰承陽，但當盡臣道，不可有所專成也。『有終』，陰之事也。陽不足於後，代其終者，陰也。」〔註172〕敬仲曰：「天始地終，君始臣終，道之常

〔註163〕熊過《周易象旨決錄》卷一《坤》。楊簡《楊氏易傳》未見此語。

〔註164〕熊過《周易象旨決錄》卷一《坤》。

〔註165〕趙汝楳《周易輯聞》卷一上《坤》。

〔註166〕馮椅之說，見《厚齋易學》卷五《易輯傳第一》。

〔註167〕張獻翼《讀易紀聞》卷一《坤》。

〔註168〕章潢《周易象義》卷一《坤》。

〔註169〕章潢《周易象義》卷一《坤》。按：語序與《周易象義》不同，原在上引文字之前。

〔註170〕胡炳文《周易本義通釋》卷三《象上傳》。

〔註171〕熊過《周易象旨決錄》卷一《坤》。

〔註172〕董真卿《周易會通·周易經傳集程朱解附錄纂註卷二·坤》、胡廣《周易大全》卷二《坤》。

也。」〔註173〕吳因之曰：「『無成』、『代終』，仍歸於『含章』。」

「三多凶，故於《乾》、《坤》之第三爻辭又獨詳焉。『言為臣處下之道，不當有其功善，必含晦其美』〔註174〕」〔註175〕，乃可貞固守之，又可常久而無悔咎也。「可貞方能時發，未有不能含章而能可貞者，亦未有不能可貞而能時發者。」〔註176〕夫子以「知光大」明之。「光謂見得明，大謂見得大。」〔註177〕「惟其知之光大，故能含晦。淺暗之人有善，惟恐人之不知，豈能含章？」〔註178〕

吳因之曰：「尋常人慾含晦者，多只是鋤去驕矜，深匿名跡。然愈鋤愈生，愈匿愈露者，蓋不曾去根本上理會。自己未光大，胷中淺狹，纔有一功一善，便無安著處。雖強欲遏抑，終止不住。譬如瓶小水多，雖抑遏固閉，終必汎溢。瓶大則水自不汎溢，都不須用閒費力。」

六四：括囊，无咎无譽。　《象》曰：「括囊，无咎」，慎不害也。

述曰：六四何以象「括囊」？二中正，有「直方」之德；三位陽，有「含章」之美；四重坤之交，履非其中，以陰居陰，純陰無陽，當自括結其囊，以求「无咎无譽」。陰虛體，有「囊」象。重陰結閉，有「括囊」象。四之括囊，時勢所宜，非過慎也。干寶曰：「此蓋甯戚、蓬瑗與時卷舒之交，不艱其身則『无咎』，不顯其功則『无譽』。」〔註179〕理齋曰：「『慎不害』者，言其無失也。不言其有得也，得則譽矣。」

陸希聲曰：「四處多懼變化之際，猶臣居高位。權勢之間，若盛而致譽，有逼上之嫌；退而近咎，有敗事之累。惟慎所出納，使得其正，乃可以立大德，建大功也。」〔註180〕

「凡在上下之交者多具二義。三有陰有陽，故有發時；四陰，故為閉為括。」〔註181〕

〔註173〕楊簡《楊氏易傳》卷二《坤》。
〔註174〕程《傳》。張獻翼《讀易紀聞》卷一《坤》引之而不言。
〔註175〕張獻翼《讀易紀聞》卷一《坤》。
〔註176〕張獻翼《讀易紀聞》卷一《坤》。
〔註177〕張獻翼《讀易紀聞》卷一《坤》。
〔註178〕程《傳》。張獻翼《讀易紀聞》卷一《坤》引之而不言。
〔註179〕李鼎祚《周易集解》卷二《坤》。「不顯其功」，《周易集解》作「功業不建」。
〔註180〕李衡《周易義海撮要》卷一《坤》。
〔註181〕項安世《周易玩辭》卷一《六四》。

六五：黃裳，元吉。　《象》曰：「黃裳，元吉」，文在中也。

述曰：「天玄而地黃」，上衣而下裳黃者，坤土，中央之色，裳則法坤為制，而有五采之施者。「蓋中德在中，而發於事業之象也。」〔註182〕五以陰麗陽而居中正位，德至此而盛，美至此而顯，故有「黃裳」之象。此坤德之至，元吉之道也。蘇氏曰：「夫文生於相錯。若陰陽之專一，豈有文哉？六五以陰而有陽德，故曰『文在中也』。」〔註183〕王肅曰：「坤為文，五在中，故曰『文在中』。」〔註184〕

鄧伯羔〔註185〕曰：「說者謂坤無君位，非也。謂坤為臣者，對乾而言也。單言之，則君可也，臣可也，凡民可也。謂為不然，易道若是泥乎？求其人，則周成、康、漢文帝庶幾矣。中順文明，三君有焉。」

上六：龍戰於野，其血玄黃。　《象》曰：「龍戰於野」，其道窮也。

述曰：《象旨》：「上六非龍。龍者，乾也。《說卦》曰：『戰乎乾。』戰於卦外，故曰『野。』」朱綬曰：十月陰極，必交於陽，謂之野戰，言非常度也。含陽而孕長男，先天之象。吳幼清曰：且玄且黃，上六之血也。」〔註186〕

王《註》：「陰之為道，卑順不盈，乃全其美。盛而不已，固陽之地，陽所不堪，故至於戰。」〔註187〕侯果曰：「坤，十月之卦。乾位西北，又當十月，陰窮於戌。窮陰薄陽，所以戰也。」「上六道窮，即初六馴致之道，其積陰非一日也。是故君子謹『履霜堅冰』之漸。卦終陰極陽生，陰陽交必戰。其戰在龍，則坤終而乾又始矣。」〔註188〕朱穆所謂「陽道將盛而陰道負也」〔註189〕。

用六：利永貞。　《象》曰：用六「永貞」，以大終也。

述曰：《坤》之用六，猶《乾》之用九也。乾主成而坤惟順，順以健行曰惟安貞，貞不可息，「利永貞」而已矣。坤代有終，所以《象》曰「以大終也」。陰能順乎乾剛，則以陽終，斯永貞無不利矣，此用六之道也。蘇氏曰：「易以大小言陰陽，坤之順，進以小也；其貞，終以大也。」〔註190〕

〔註182〕季本《易學四同》卷一《坤》。
〔註183〕蘇軾《東坡易傳》卷一《坤》。
〔註184〕李鼎祚《周易集解》卷二《坤》。
〔註185〕《經義考》卷五十八著錄鄧伯羔《古易詮》二十九卷、《今易詮》二十四卷。
〔註186〕熊過《周易象旨決錄》卷一《坤》。
〔註187〕「至於戰」，王《註》作「戰於野」。
〔註188〕章潢《周易象義》卷一《坤》。
〔註189〕《後漢書》卷四十三《朱穆傳》。「盛」，《後漢書》作「勝」。
〔註190〕蘇軾《東坡易傳》卷一《坤》。

顏鯨〔註191〕《義林》曰：「陰道柔而難常，故用六之道在常永貞，固是故國有理亂而臣懷不二之心，家有廢興而子竭無方之力，遇有險夷而婦堅從一之節，其義一也。」

《文言》曰：**坤至柔而動也剛，至靜而德方。後得主而有常，含萬物而化光。坤道其順乎！承天而時行。**

述曰：六爻皆陰，是「至柔」。而動必直遂，則剛也。地體不動，是「至靜」。而賦形肖質，截然不易，「德方」也。剛故乘乾不違，方故生物有定。夫坤不為先而居後其後也，乃得主而有常，為無成代終之道。坤靜翕而能含，其含也，乃含萬物而化光，成乾道變化之功。然則「坤道其順乎，承天而時行」，時所未至，弗敢先也；時所可承，弗敢後也。曰「承天」，則健在順中，見陰之未嘗無陽，陽之未嘗無陰，而造化之妙用不可窮矣。

章氏曰：「『坤至柔而動也剛』，蓋坤動則震矣，於剛義似有著落。其實『立地之道，曰柔與剛』，而《小象》：『六二之動，直以方也』，可見動靜剛柔皆坤道所自有者，故曰『德合無疆』。」〔註192〕

積善之家，必有餘慶。積不善之家，必有餘殃。臣弒其君，子弒其父，非一朝一夕之故，其所由來者漸矣，由辨之不早辨也。《易》曰：「履霜，堅冰至」，蓋言順也。

述曰：《象旨》：「『順』作『慎』者，非也。《文言》曰：『坤道其順乎！』堅冰馴至，亦以順積漸難辨，聖人將使人察於順也。蘇氏曰：『惟其順，故能濟其剛。如其不順，則辨之久矣。』」〔註193〕

孔《疏》：「『由辨之不早辨也』，臣子所以久包禍心，由君父欲辨明之事，不早分辨故也。此戒君父防臣子之惡。言順習陰惡之惡，積微而不已，乃致此弒害。陰為弒害，故寄此以明義。」

《紀聞》曰：「《文言》釋『履霜』，因言『積不善』，以『積善』配；『括囊』，因言『賢人隱』，以『草木蕃』配。配則相形，而其理自別，此《文言》所以為文之格也。『積善餘慶』之『慶』，即『乃終有慶』之『慶』。子安於正以從父，臣安於正以從君。不安於正，不能有慶。」〔註194〕李光祖云：「不早

〔註191〕《經義考》卷五十五著錄顏鯨《易學義林》十卷。
〔註192〕章潢書中未見此語。
〔註193〕熊過《周易象旨決錄》卷一《坤》。
〔註194〕張獻翼《讀易紀聞》卷一《坤》。

辯他，直到得郎當了卻方辯，劃地激出事來。」〔註195〕

直其正也，方其義也。君子敬以直內，義以方外，敬義立而德不孤。「直方大，不習無不利」，則不疑其所行也。

　　述曰：「直則心無回，曲而常守貞，故謂之正。方則事有區分而皆得當，故謂之義。內所以直，非敬不能；外所以方，非義不能。敬即正中之警惕，義即敬中之條理。」〔註196〕敬義既立，其德盛矣。一行之修，一善之具，謂之孤。〔註197〕又或專於涵養而應用則疏，或曉於事宜而存養則缺，亦謂之孤。惟「敬義立而德不孤」，此所謂大也。無所用而不周，無所施而不利，孰為疑乎？《坤》之六二本體中正，故能如坤體之順，不容於著力者也。即程子所謂「『必有事焉，而勿正心，勿忘，勿助長』〔註198〕，未嘗致纖毫之力」〔註199〕意。

　　敬義是內外夾持，而敬為本領。「纔『敬以直內』，便『義以方外』。」〔註200〕若無敬也，不知義之所在。朱子曰：「義是心頭斷事底。心斷於內而外便方正，萬事各得其宜。」〔註201〕《論語》「義以為質」〔註202〕，並禮、遜、信皆在其中，了然須要，又屬敬內。故聖人曰修己以敬，如斯而已矣。孟子曰「義以行吾敬」〔註203〕，君子敬存而心自直，義自行，外自方，表裏洞然，事理渾一，更無毫髮之疑，此所以「不習無不利」也。

陰雖有美，含之以從王事，弗敢成也。地道也，妻道也，臣道也。地道無成，而代有終也。

　　述曰：「天地之間，萬物粲然而陳者，皆陰麗於陽，其美外見者也。」〔註204〕

〔註195〕董真卿《周易會通・周易經傳集程朱解附錄纂註卷二・坤》、胡廣《周易大全》卷二《坤》。張獻翼《讀易紀聞》曰：「不早辨他，直到不可反方卻辨，劃地激成事來。」不言係引用。

〔註196〕季本《易學四同》卷七《文言傳》。

〔註197〕季本《易學四同》卷七《文言傳》：「不孤者，謂積德充盛，非止一行之脩，一善之具而已，此所謂大也。」

〔註198〕《孟子・公孫丑上》。

〔註199〕《二程遺書》卷二上《元豐己未呂與叔東見二先生語》。

〔註200〕朱鑒《朱文公易說》卷十六《坤文言》。

〔註201〕朱鑒《朱文公易說》卷十六《坤文言》、黎靖德《朱子語類》卷六十九《易五》。

〔註202〕《論語・衛靈公第十五》：「子曰：『君子義以為質，禮以行之，遜以出之，信以成之。』」

〔註203〕《孟子・告子上》：「孟季子問公都子曰：『何以謂義內也？』曰：『行吾敬，故謂之內也。』」

〔註204〕馮椅《厚齋易學》卷四十八《易外傳第十六・文言》，稱「李子思曰」。

三為陽位而六居之，章美具焉。當坤之世，居於下體，雖有美，貴於含藏。其「或從王事」，制義者王而我從之也，如之何敢成也。有敢成之心，便失「含章」之義矣。凡地之於天，妻之於夫，臣之於君，其道皆當如是，則得以陰從陽之正也。無成陰之分，有終陰之事。地得終天功，臣得終君事，婦得終夫業，故曰「而代有終也」。地道靜專而無為，自然之含章，發之以定萬世之臣極也。

《象旨》：「俞氏曰：天數止乎九，是無終也。地數終於十，則有終矣。是故乾能始物而不能終物，坤繼其後而終之，則坤之所以為有終者，終乾之所未終也。坤不有其成而有其終，故曰『地道無成，而代有終也』。」〔註205〕

天地變化，草木蕃，天地閉，賢人隱。《易》曰：「括囊，无咎无譽」，蓋言謹也。

述曰：坤雖純陰，然初、三、五猶居陽位，二、四、上則為重陰。二其中也，德莫盛焉；上其極也，道則窮矣。四居上坤之交，迫近於五而無相得之意，故為重陰閉塞之象。人與天地萬物同是一氣，天地交而變化，草木無不蕃衍，氣之通也。天地不交而氣閉，賢人從而隱遯。〔註206〕一通一塞，皆天地之氣，所以為易之道。

章氏曰：「陰本閉翕，至四宜變。」〔註207〕一闔一闢，陰陽交通。天地變化，則生氣暢而草木蕃。四居陰上，而又重陰，則天地閉隔，賢人隱遯。所以「《易》曰『括囊，无咎无譽』，蓋言謹也」。不罹於咎，難以事指也。無得而稱，不以善名也。慎之至也。《象》謂之「慎」，《文言》謂之「謹」，所以致重陰之戒者深矣。

君子黃中通理，正位居體。美在其中，而暢於四肢，發於事業，美之至也。

述曰：坤也者，土也。居中色黃，虛而中通，脈有其理者也。五具之矣。五本柔，而陽明蘊焉，渾然在中，經緯有融，萬事萬物，無不綸貫，無不理解，黃中之所以為妙也。「『正位』者，正其位於五」〔註208〕，宅中建極之象。「『居

〔註205〕熊過《周易象旨決錄》卷一《坤》。原出俞琰《周易集說》卷二十七《文言傳二》。

〔註206〕趙汝楳《周易輯聞》卷一上《坤》：
　　　　天地交則變化，泰之時也。雖草木無不蕃衍，君子之盛可知。天地不交則閉，否之時也。賢人從而隱遯，鳥獸魚鱉不能咸。若山川鬼神不得其寧，抑可知矣。

〔註207〕章潢《周易象義》卷一《坤》。

〔註208〕季本《易學四同》卷七《文言傳》。

體」者，居此德於心」〔註209〕，安止不遷之象。「正位居體」與《乾》五「位乎天德」一例看，此二句皆謂之「美在其中」也。有美在於中，必通暢於外。「暢於四肢」，外內俱善，能宣發於事業，所營謂之事，事成謂之業。美莫過之，「美之至也」，所謂「黃裳，元吉」也。裳配玄冕，備五采之飾，故「暢四肢，發事業」，皆美之所發，以明「裳」字之意，而非以「正位居體」言裳也。「正位居體」，「無下體外見之義」〔註210〕也。

「黃中通理」，未發之中也。「正位居體」，隨時處中之中也。他也會討四凶，也會一怒安天下，但此不說及耳。如《中庸》九經，條條件件，各當於中，此正是君道恰好正當處，故屬中道，故以為美之所暢所發。四肢事業皆管攝於心，心既中，則心之所管攝者無不中。其暢其發，自不容已。蓋信乎其為通，信乎其為理，豈非美之至者？

六五陰居陽而陽不散，故曰「美在其中」。陽明內蘊，陰體虛含，自中自正，自卑自恭，自有四肢充暢之容。理之通者，動於體也。理不中通，神不宅體，四肢皆形骸之牿，不為吾用矣。「通暢發揮，雖在坤而實本之乾，故美與三同，而中德為尤盛也。」〔註211〕

「三為坤之全體，猶在上卦之下，故雖美而含之焉耳。若五則暢而發揮之矣，故曰『美之至』。」〔註212〕「六五當與六二並看，故皆以『君子』言。蓋『直內』、『方外』之君子，即『黃中通理』之君子也。」〔註213〕君子敬義夾持，涵養熟矣，操存固矣，胷中洞然，事理渾一，更無疑滯，謂之「黃中通理」。「居體」，居此體也。非正五之位，雖欲居此體，無由焉。「六二『直內』、『方外』，兩致其力。至五之『黃中通理』，則內外通貫，無所容其力矣。」〔註214〕

陰疑於陽必戰，為其嫌於無陽也，故稱「龍」焉。猶未離其類也，故稱「血」焉。夫玄黃者，天地之雜也。天玄而地黃。

述曰：天下未嘗一日無陽。《坤》，純陰之卦，陽實主之。上六，陰之盛極也，陰極陽生，陽動而微，陰進而抗，故云「龍戰於野」。曰「野」者，陽始

〔註209〕季本《易學四同》卷七《文言傳》。
〔註210〕季本《易學四同》卷七《文言傳》。
〔註211〕章潢《周易象義》卷一《坤》。
〔註212〕章潢《周易象義》卷一《坤》。
〔註213〕胡炳文《周易本義通釋》卷七《文言傳》。張獻翼《讀易紀聞》卷一《坤》引之而不言。
〔註214〕胡炳文《周易本義通釋》卷七《文言傳》。

下生，非居中用事之時也。主戰者陽，而曰「陰疑於陽必戰」，明陰之為逆德而陽之能自強也。

　　章氏曰：「凡戰必兩者相敵，純陰果何戰乎？上六陰極，必交於陽，故戰。不言坤戰而言龍者，為其嫌於無陽也，故稱龍焉。純陰有無陽之嫌，其實坤行至亥下，有伏乾，故稱陽於極陰之時，稱龍於牝馬之類。即今之十月而謂之陽月是也。『猶未離其類也，故稱血焉』，氣陽而血陰，陰之類有血，血之辯有色，言血為陽所傷而見血也。」〔註215〕既戰且淆，未判其類，故稱「其血玄黃」。「玄黃，天地之雜也」，無復天地之正色矣。莊氏曰：「上六兼有天地雜氣，故『其血玄黃』。」〔註216〕陰氣既盡，則天自天，地自地，玄黃之色一定不易矣，何雜之有？蓋陰於是乎終而乾又始矣。蔡汝楠曰：「在初曰『辯之不早辯』，在上曰『陰疑於陽必戰』，辯則不疑，疑由不辯也。」〔註217〕

　　「坤：元亨」節，項氏曰：「《易》之『元亨』，自奇而出，其所利貞，亦復於奇而已。耦卦倚奇而立，是以能元、能亨，故其所『利貞』，卒歸於『牝馬』二字，以明始終從奇也。下文又以人事推之。曰『君子有攸往』，此一句總起下文。曰『先迷後得，主利』，言利在得主，不利為主也。虞翻『得主』為句。曰『西南得朋，東北喪朋，安貞吉』，言當貞於陽方，不當貞於陰方。凡此皆見所利、所貞，止於從乾，更無他道。」〔註218〕「牝馬之貞」，「牝取其順，馬取其行。順者，坤之元；行者，坤之亨。利者，宜此而已；貞者，終此而已。不能終此，更無所利也。柔順者多不能終，惟牝馬為能終之。蓋物之牝者，皆能順陽而行。求其從一而不變，莫牝馬若也。故聖人取之以象坤焉。」〔註219〕

　　「《象》曰：至哉坤元」節，項氏曰：「自『至哉坤元』至『德合無疆』言『元』字，自『含弘光大』至『行地無疆』言『亨』字，自『柔順利貞』至『應地無疆』言『利貞』字。行地雖稱牝馬，然止言其行，尚屬『亨』字。自此以下，乃屬『利貞』爾。」〔註220〕「『牝馬地類』四句，此明卦辭『君子有〔註221〕

〔註215〕章潢《周易象義》卷一《坤》。
〔註216〕孔《疏》。
〔註217〕蔡汝楠《說經箚記》卷一《易經箚記·坤卦》。（《四庫全書存目叢書》第149冊，第18頁）
〔註218〕項安世《周易玩辭》卷一《象》。無「虞翻『得主』為句」一句。
〔註219〕項安世《周易玩辭》卷一《牝馬之貞》。
〔註220〕項安世《周易玩辭》卷一《德合無疆　行地無疆　應地無疆》。
〔註221〕「有」，底本作空格，四庫本無。今據《周易玩辭》補。

攸行』，以下皆是推『利牝馬之貞』一句。言牝馬之德與地相類，即其順行而不悖，既足以承天德之無疆，至於柔順之中，獨有利貞之美，則又君子之所當行也。自此以下皆言君子之事，先則失牝馬之道，故迷；後則得牝馬之常，故利。此推明上文『利』字也。『西南得朋』，則從其類，非從牡也，故雖得而無終；『東北喪朋』，則牝馬之從牡者也，故雖喪而有終，終則安貞，有慶則吉也。此推明上文『貞』字也。」〔註222〕「『得』、『喪』二字，孔子恐後學誤認其意，將有以得為吉，以喪為凶，故釋之曰：『東北喪朋，乃終有慶。』所以發文王言外之義也。地之交乎天，臣之仕於君，婦之歸乎夫，皆喪朋之慶也。上文明言『君子有攸往』，先倡則迷，後主則利，則是西南為迷，東北為利。自可類推，但得孔子贊之則愈明爾。」〔註223〕「既取貞〔註224〕象，又言人事者，卦辭自坤始用物象，恐後人不明其義，故以人事演之，以起六十四卦之例也。」〔註225〕「《彖》有三「無疆」。『『德合無疆』，天之不已也；『應地無疆』，地之無窮也；『行地無疆』，馬之健行也。」〔註226〕「無疆，天德也。『坤厚載物，德合無疆』，言地之德合乎天之無疆也。『牝馬地類，行地無疆』，言牝馬之德能行地之德合無疆也。『安貞之吉，應地無疆』，言君子之德能隨應之德合無疆也。下兩『無疆』，皆指上一句言之。此一句，又指其所合者言之，故曰『無疆者，天德也』。」〔註227〕

六二爻，「吳氏曰：『直之厚，上下相去三萬里；方之廣，輪各三萬里；有形之物，其大無可與比。』」〔註228〕「以此三者形容其德用，盡地之道矣。」〔註229〕蓋《坤》六爻莫盛於六二，且「直方大」之德得於「不習」之自然，焉往而不利哉？「承天而動，其功順成，地道光顯，豈習而後利哉？」〔註230〕

按：「《乾》以九五為主爻，《坤》以六二為主爻，蓋二卦之中，惟此二爻既中且正，又五在天爻，二在地爻，正合乾坤之本位也。《乾》主九五，故於五言乾之大用，而九二止言乾德之美；《坤》主六二，故於二言坤之大用，而

〔註222〕項安世《周易玩辭》卷一《柔順利貞君子攸行》。
〔註223〕項安世《周易玩辭》卷一《東北喪朋乃終有慶》。
〔註224〕「貞」，《周易玩辭》作「物」。
〔註225〕項安世《周易玩辭》卷一《柔順利貞君子攸行》。
〔註226〕程《傳》。
〔註227〕項安世《周易玩辭》卷一《德合無疆　行地無疆　應地無疆》。
〔註228〕熊過《周易象旨決錄》卷一《坤》。
〔註229〕程《傳》。
〔註230〕程《傳》。

六五止言坤德之美。六二之『直』，即『至柔而動剛』也；六二之『方』，即『至靜而德方』也；其『大』，即『後得主而有常，含萬物而化光』也；其『不習無不利』，即『坤道其順乎，承天而時行』也。六二蓋全具坤德者，孔子懼人不曉六二何由兼有乾直，故解之曰：『六二之動，直以方也』，言坤動也剛，所以能直也。又懼人不曉六二何由無所不利，故解之曰：『地道光也』，言地道至〔註231〕六二，猶乾之九五言『乃位乎天德』也。」〔註232〕

六三爻，項氏曰：「六三以陰居陽，謂不得位而在上下之交，故靜則『含章』，而可以守其貞於下；動『或從王』，亦足以發其知於上也。靜者，六也；動者，三也。先『含章』而後『從事』，故不為始而為終。雖含章而有終〔註233〕時，故可貞而非必貞也。『可』謂亦可如此，非決辭也，故孔子贊之曰『以時發也』，言可貞則貞，可發則發，恐人誤以為可貞為當貞也。爻辭於『可貞』之下用『或』字接之，便見以時發也之意。『含章』，猶秋冬之時；『從王事』，猶春夏之時。人但見陽居大夏而成歲，而不知藏畜，使有今日者，皆地之智。含之則為知，發之則為光大也。」〔註234〕

上六爻，項氏曰：「『龍』者，陰似陽也；『戰』者，敵辭也；『野』者，廣大之地，明坤之極盛也。『其血玄黃』，說者曰陰陽傷。按《文言》：『猶未離其類也，故稱血焉』，則血獨言陰，初不及陽也。又爻辭本惡陰道之盛，故陳其禍敗以為戒。《小象》亦曰『其道窮也』，皆指陰而言，無與陽事也。其所以稱『玄黃』者，明其上下無別，此所謂『雜』也。曰『疑於陽』，曰『嫌於無陽』，曰『猶未離其類』，曰『天地之雜』，皆言陰之似陽，臣之似君。楚公子圍之美矣君哉也，然終以野死，則熾盛而上僭者，亦何利哉！」〔註235〕

《文言》曰，項氏曰：「坤之所以為天下之至順者，以其順天而行也。苟積陰自厚，不從陽而行，則天下之大逆也。陰動而從陽，臣動而從君，小人動而從君子，皆以動而成其順者，故曰『坤道其順乎，承天而時行』。」〔註236〕楊氏曰：「柔者坤之道，靜者坤之體。至於陰陽之回斡，造化之運行，豈專柔而靜哉？動則陽而剛，靜則陰而方。先而不後者，坤之異；後而不先者，坤之

〔註231〕「至」，《周易玩辭》作「主」。
〔註232〕項安世《周易玩辭》卷一《乾坤二五》。
〔註233〕「終」，《周易玩辭》作「發」。
〔註234〕項安世《周易玩辭》卷一《六三》。
〔註235〕項安世《周易玩辭》卷一《其血玄黃》。
〔註236〕項安世《周易玩辭》卷一《六二之動》。

常。物收而包含之量幽，物散而造化之功著，坤之道，其大如此。以承天之施而不自生，行天之時而不自用，一本乎順而已。然何以動而剛？曰發生必達。」〔註237〕

「楊敬仲曰：『君為臣主，夫為妻主，後即得主，利莫大焉。』」〔註238〕「《乾》言變化而《坤》言化，得《乾》之半也。〔註239〕『含萬物生意於中，動闢則化生而有光輝矣。』」〔註240〕張橫渠曰：『效法故光。』〔註241〕朱漢上曰：『《坤》光即《乾》之光。』〔註242〕夫道之在天地，無有相假借者。《彖傳》稱『含弘光大』，《象傳》稱『地道光』，稱『知光大』，《乾》有《乾》之光，《坤》有《坤》之光，此分殊之辨也。」〔註243〕

「積善之家」，《彖》曰『至哉坤元！乃順承天』，《文言》又言『坤道其順乎，承天而時行』，蓋坤之至善，惟在於順。然於初六一爻獨惡其順者，以其非順乎陽，乃自順其陰也。順而承陽，則為至德；自順其陰，則為大逆。此辨之所以貴於早辨也。」〔註244〕

「直其正也」，項氏曰：「『直』字訓正，『方』訓義。『敬以直內，義以方外』，此言直方之所由致也。敬則心無私曲，故直，此六二之正也。義則事無偏頗，故方，此六二之中也。『敬義立而德不孤』，此以『不孤』解『大』字。陰為小，陽為大，陰與陰相守則孤，孤則小；陰從陽則不孤，不孤則大。六二為地道之主，內不私於其意，外不偏於其黨，則可以順天而行，與天作合而不孤矣。婦能如此，則得乎夫；臣能如此，則得乎君。皆陰德之不孤者也。」〔註245〕

「陰雖有美」，「代者，繼也，陽施盡則無繼也。陰受其荄實而胎養之，以待嗣歲之復生，所以繼之，使有終也。成歲者天，而傳種者必資於地，故曰『地

〔註237〕楊萬里《誠齋易傳》卷一《坤》。

〔註238〕熊過《周易象旨決錄》卷一《坤》。原出楊簡《楊氏易傳》卷二《坤》：「君為臣之主，夫為妻之主，後而得主，利莫大焉。」

〔註239〕俞琰《周易集說》卷二十七《文言傳二》：「孔子於《乾》言『變化』，於《坤》但言『化』而不言『變』，蓋《乾》能兼《坤》，《坤》僅得《乾》之半也。」《周易象旨決錄》本此而不言。

〔註240〕吳澄《易纂言》卷九《文言傳》。《周易象旨決錄》引之而不言。

〔註241〕張載《橫渠易說・坤》。

〔註242〕朱震《漢上易傳》卷一《坤》。

〔註243〕熊過《周易象旨決錄》卷一《坤》。

〔註244〕項安世《周易玩辭》卷一《蓋言順也》。

〔註245〕項安世《周易玩辭》卷一《敬義立而德不孤》。

道無成而代有終也』。」〔註246〕

「天地變化」，「四近上，近君而無相得之意，故為隔絕之象。天地交感，則變化萬物，草木蕃盛。君臣相際而道亨，天地閉隔則萬物不遂，君臣道絕則賢者隱遯。四於閉隔之時，括囊晦藏，則雖無令譽，可得无咎，言當謹自守也。」〔註247〕項氏曰：「草木且蕃，況於人乎！言蕃者，要其終也。賢人隱，則物從之矣。言閉者，記其始也。」〔註248〕

「陰疑於陽」，項氏曰：「《易》以變易為書，用九、用六，以其能變也，故爻辭多取變象為言。至本爻義重者，則自從本爻，不必盡然也。或者專用變象，則反為執一，非所謂易也。然《乾》之二、五與《坤》之二、三，皆明用變象，今特發之，使學者知變化之說不可忽也。《乾》二變離，為《乾》之《同人》，故為『見龍』，為『文明』，為『利見』，皆離之象也。田取『德博』、『施普』之義，即《同人》之『同人於野』也。《乾》五亦變離，為《乾》之《大有》，故為『飛』、為『利見』，亦離之象也。『聖人作而萬物覩』，即《大有》之『得尊位大中，而上下應之』也。《坤》二變陽，為乾在坤中，有內直外方之象，故孔子釋之曰『六二之動，直以方也』，言不動則有方而無直也。陽為大，故曰『直方大』；陰得陽則不孤，故曰『德不孤』。陽為光，故曰『地道光也』。《坤》三兼變常二象，其曰『含章可貞』，則指其不變之時言之；曰『或從王事，無成』，則指其變時言之。『從王』即從陽也。六三變艮，為《坤》之《謙》，其『從王事』則《謙》之『勞』也，其『有終』即《謙》之『終』也。陽為光，為大，故曰『知光大也』。此皆變象之明者，故略舉之，以例諸卦焉。」〔註249〕

〔註246〕項安世《周易玩辭》卷一《代有終》。

〔註247〕程《傳》。

〔註248〕項安世《周易玩辭》卷一《草木蕃賢人隱》。

〔註249〕項安世《周易玩辭》卷一《乾坤變象》。

讀易述卷二

《象旨》：「《屯》、《蒙》何以繼《乾》、《坤》？上下體之有震坎艮也，傳經之家以為坤交乾而成者也。乾坤之交，震其始也，故先焉。」〔註1〕

屯䷂震下坎上

按：《序卦》：「有天地然後萬物生，盈天地之間惟萬物，故受之以屯。屯，物之始生也。」〔註2〕「萬物始生，鬱結未通，盈塞兩間。」〔註3〕故繼《乾》、《坤》之後為《屯》。其卦以震遇坎。「以二象言，雲雷之興，陰陽始交也。以二體言，震始交於中〔註4〕，陰陽相交，乃成雲雷。雲雷相應而未成澤，故為屯。」〔註5〕「其為字，象屮穿地始出而未申也」〔註6〕，故其名為屯。「在時，則天下屯難，未亨泰之時乎！」〔註7〕

屯者，始難之卦也。天地之始闢，萬物之始生，國家之始造，皆至難之時，故曰「屯者，物之始生也」。物之充牣，事之繁劇，亦人之所難處，故又曰「屯者，盈也」。〔註8〕

王弼《卦略》：「此一卦皆陰爻求陽也。屯難之世，弱者不能自濟，必依於

〔註1〕熊過《周易象旨決錄》卷一《屯》。
〔註2〕王《注》。
〔註3〕程《傳》。
〔註4〕「震始交於中」，程《傳》作「震始交於下，坎始交於中」。
〔註5〕程《傳》。
〔註6〕朱熹《周易本義》。
〔註7〕程《傳》。「乎」，程《傳》作「也」。
〔註8〕此一節見項安世《周易玩辭》卷二《屯義》。

彊，民思其主之時也。故陰爻皆先求陽，不召自往。馬雖班如，而猶不廢，不得其主，無所馮也。初體陽爻，處首居下，應民所求，合其所望，故『大得民也』。」

屯：元亨，利貞。勿用有攸往，利建侯。

《彖》曰：屯，剛柔始交而難生。動乎險中，大亨貞。雷雨之動滿盈。天造草昧，宜建侯而不寧。

　　述曰：卦震動而之坎險，故為屯。乾坤定位，混沌初開，震為長子，始出用事，以濟屯難，主初一陽言也，故屯乃元亨。初陽得正，所以能濟，故利貞。「勿用有攸往，利建侯」，皆初九之象。「勿用」者，屯難在前，「不可輕用以往」〔註9〕。王《註》所謂「往，益屯也」。民得主則定，震一君居內而主二民，侯象也。

　　「屯之主爻在初九，故『始交』指震。」〔註10〕張清子曰：「《乾》、《坤》之後，一索得震為始交，再索得坎為難生。合震坎之體而為屯也。」〔註11〕又其義為動於險中，初陽正位，本足濟屯，崛起在下，時值坎陷，能震動奮屬於危險之中，世難可平而亨焉，所以大亨，由夫貞也。震為雷，坎為雨，皆陰陽始交之所為，雷屬雨傾，在在滿盈，萬物萌生，屯而未達之象。屯者，天地造始之時也。造始之時，草雜冥昧，眾力並爭，民無所定。其時一陽動於下，眾陰之所同歸者，宜建之為侯，以收拾人心也。雖建侯自輔，而五陽陷於上，險難未出，方荒作之不遑，而遑有寧居？必如是而後可以大亨貞焉。言天下屯難，惟有主則亨，屯之首務也。「建侯不寧」，由於方動遇險，亦因以戒之云耳。

　　《象旨》：「《屯》『勿用有攸往』而『利建侯』，何也？因屯而必往以求功，則己勞而物且爭，故眾建諸侯而少其力，與天下同利，而民有成主，難與為亂。『善建者不拔』謂是也。」〔註12〕

　　「動乎險中」，有大亨之道而利於貞，非貞何能出屯？古之君子，雖流離顛沛而身不失道，雖死生危迫而心不違仁，故終能弘濟艱難，天贊令圖，而不失乎元亨也。不貞亦非獨是有些苟且，凡急躁不寧耐亦是。

　　《象旨》：「『天造草昧』，『草』指震，震為蕃；『昧』指坎，水內景不明於

〔註 9〕胡炳文《周易本義通釋》卷一《屯》。

〔註10〕熊過《周易象旨決錄》卷一《屯》。

〔註11〕（元）張清子編《周易本義附錄集註》卷一《屯》，《日本宮內廳書陵部藏宋元版漢籍選刊》第 2 冊，上海古籍出版社 2013 年版，第 50 頁。

〔註12〕熊過《周易象旨決錄》卷一《屯》。

外也。」〔註13〕荀爽曰：「天地初開，世尚屯難。震位承乾，故『宜建侯』。動而遇險，故『不寧也』。」〔註14〕

劉濂曰：「在險而動，是當天下屯難而舉事創業，開國之象也。『元亨利貞』者，乾德也。屯有君道，必體乾德，乃可以濟大業。『勿用有攸往』者，險難在前，豈可遽有所往？震一陽御眾，惟剛明之才可以濟時靖難，必延攬是人而分之以土，慎動多助，皆乾德之用也。」〔註15〕

《紀聞》曰：「時屯求亨，其道有三。惟至正為能正天下之不正，故曰『利貞』。惟不欲速為能成功之速，故曰『勿用有攸往』。惟多助為能克豪強，故曰『利建侯』。」〔註16〕

章氏曰：「凡卦爻一字一義皆是實象。以此卦觀之，剛，陽象；柔，陰象。『始交』，乾陽初交坤陰之象。『動』，震象。『險中』，坎中爻之象。『大』，陽象。『亨』，震動之象。『貞』，陽居陽位之象。雷，震象；雨，坎象。『滿盈』、『天造草昧』，總是屯象。『勿往』，初下之象。『建侯』，震初之象。『不寧』，坎陷之象。各卦爻辭象俱倣此。」〔註17〕

《象》曰：雲雷，屯。君子以經綸。

述曰：「雲雷，屯」，陽蒸陰則陰氣騰而為雲，陰蒸陽則陽氣奮而為雷二氣和則雨謂之屯者時乎雷動雲合，二氣絪縕，彌滿空中，畜聚未解，將以致雨而尚未雨也，故為屯之象。屯難之世，人皆惶恐喪沮，不敢有為，不知正是君子經綸時節。「經者立其規模，綸者糾合而成之」〔註18〕，此開物成務之道，紬繹圖為以解世之棼結者，君子之雲雷也。雲雷屯則醞釀濃，然後雨澤降而天地霽；經綸密則謀慮熟然，後紛紜定而世道寧。

坎不言水而言雲，未通之意。郭子和曰：「坎在上為雲，故『雲雷屯』；在下為雨，故『雷雨解』。雲而未雨，所以為屯也。」〔註19〕《彖》言雷雨，《象》言雲雷，《彖》言其動，世變之屯也；《象》言其體，人道之常也。〔註20〕「經

〔註13〕熊過《周易象旨決錄》卷一《屯》。
〔註14〕李鼎祚《周易集解》卷二《屯》。
〔註15〕（明）劉濂《易象解》卷一《屯》，《四庫全書存目叢書》經部第4冊，第251頁。
〔註16〕楊萬里《誠齋易傳》卷二《屯》。張獻翼《讀易紀聞》卷一《屯》引之而不言。
〔註17〕章潢《周易象義》卷一《屯》。
〔註18〕項安世《周易玩辭》卷二《經綸》。
〔註19〕（宋）郭雍《郭氏傳家易說》卷一《屯》。
〔註20〕項安世《周易玩辭》卷二《經綸》：「凡《大象》例於《彖》外別立新義，《彖》則專言世變之屯，《象》則自言人道之常。」

以象雷之震，繪以象雲之合。」〔註21〕

初九：磐桓，利居貞，利建侯。　《象》曰：雖「磐桓」，志行正也。以貴下賤，大得民也。

　　述曰：張橫渠曰：「『磐桓』猶言柱石。磐，大石也，堅強安固之物。桓，柱也，威武碩大之物。」〔註22〕初陽剛，為卦主，是有元德而堪大任，故象「磐桓」。要非磊塊小器、枝梧細材。濟屯之具也。「屯難之初，以陽居下」〔註23〕，上應陰柔，險陷之爻，未可輕動，然居得其正，故利於居貞也。「以陽下陰，為民所歸，侯之象也，故利於建侯。卦主震，震主初。『居貞』即『利貞，勿用有攸往』。卦言『利建侯』者，其事也，利於建初以為侯也；爻言『利建侯』者，其人也，初之才利建以為侯也。」〔註24〕

　　九在動體之初，雖磐桓大器而利居貞。當斯時也，天意未定，人心易生，非貞何以濟？陽剛有主，宅心以靜，不以艱危之際，乘利擇便而失其正，曰「志行正也」。易道陽貴而陰賤，初九之陽在三陰之下，是「以貴下賤」。屯難之世，民思其主之時，能「以貴下賤」，所以「大得民也」。《象旨》：「『以貴下賤』，萬世濟屯之常道也。」〔註25〕

六二：屯如邅如，乘馬班如，匪寇婚媾，女子貞不字，十年乃字。　《象》曰：六二之難，乘剛也。「十年乃字」，反常也。

　　述曰：陰柔無濟屯之才，必附陽剛，故屯難之世，陰必從陽。六二柔順中正，初能下之，欲得二以為亨屯之助，而二「屯如邅如」，其象「乘馬班如」，震陽為馬，二乘其上，馬強人弱，故班布不前也。初非為寇，欲與為婚媾耳。但二柔中之德，守其女子之貞而不許字，至於十年之久而終字焉。陸希聲曰：「初雖難二，非欲為寇，以二近已，欲為婚媾。康屯之情，可以見矣。女子者，明未有所從也，此未可以適變，猶亂世之正臣不從撥亂之君也。」〔註26〕

　　「屯者，陰陽之始交。」〔註27〕初與二皆得正而在始交，故曰「六二之難，乘剛也」。初剛以貴下賤，二乘其上，豈識其為真主？故邅回班布，不敢

〔註21〕項安世《周易玩辭》卷二《經綸》。
〔註22〕張載《橫渠易說‧屯》，無「堅強安固之物」、「威武碩大之物」兩句。
〔註23〕胡炳文《周易本義通釋》卷一《屯》。
〔註24〕胡炳文《周易本義通釋》卷一《屯》。
〔註25〕熊過《周易象旨決錄》卷一《屯》。
〔註26〕李衡《周易義海撮要》卷一《屯》。
〔註27〕胡炳文《周易本義通釋》卷一《屯》。

進而從之。「匪寇婚媾」對初九言，非指正應。草澤並起，近於寇盜，二之所以疑而不從也。二得中柔體無早見剛決之才故象女子之貞。女子以不字為非常，「十年乃字」為復其常。蓋至於十年，則初於此時人心已歸，天命已定，數已極矣，然後乃字而從之。六二擇君之審也，非謂從五也。彭山說如此。〔註28〕

六三：即鹿無虞，惟入於林中。君子幾，不如舍，往吝。　《象》曰：「即鹿無虞」，以從禽也。君子舍之，「往吝」窮也。

述曰：六三居震動之極，非陽而居三，無德而有求民之心，無應而舉濟屯之事，「即鹿無虞」象也。〔註29〕趙汝楳曰：「田者必夷其險阻，虞人設驅逆之車，使禽趨田，然後有獲無虞。不驅禽即是我反從禽，以我從禽，故曰『即鹿』也。」〔註30〕鹿善走險，逐即奔林。禽不可得，惟「入於林中」，有陷而不得出之象。蔽於所欲，即陷害在前，莫之覺矣。仲虎曰：「幾，動之微。六三互體艮止，聖人於震之動，而猶庶幾其知艮之止，故曰『不如舍』，欲其止也；曰『往吝』，戒其動也。」〔註31〕

彭山曰：「凡陰必資陽以有為。六三陰柔居剛，不中不正，而二、四又皆以陰柔相比，遠於陽剛。陰柔既不能濟屯，居剛則不免躁動，又無應援，將安之乎？故為『即鹿無虞，惟入於林中』之象。」〔註32〕「爻言不如舍，辨之審也；傳言舍之，去之決也。」〔註33〕質卿曰：「君子只看見幾，不如就舍，一往便吝，更無商量。」

六四：乘馬班如，求婚媾，往吉，無不利。　《象》曰：求而往，明也。

述曰：「六四應初，故『乘馬』也。」〔註34〕欲進與初同事，以濟屯也。當草昧之初，身在坎險，欲進而不前，有「乘馬班如」之象。初為得民之侯，

〔註28〕季本《易學四同》卷一《屯》：
　　當其初動之時，不知其為真主也，而邅回班布，不敢進而從之。不知初乃生民之主，實與二為婚媾而匪寇也，豈可與之為讎哉？但二以柔順中正之德，守其女子之貞，不肯字而嫁之耳。至於十年，則於此時人心已歸，天命已定，數已極矣，然後字而從之，非謂從五也。六二擇君，可謂審矣。
〔註29〕熊過《周易象旨決錄》卷一《屯》：
　　「君子幾，不如舍」，三居下體震動之極，而互艮止，故象占如此也。六三非陽而居於三，無德而有求民之心，上六莫之從也，而豈如舍之哉？
〔註30〕趙汝楳《周易輯聞》卷一下《屯》。
〔註31〕胡炳文《周易本義通釋》卷一《屯》。
〔註32〕季本《易學四同》卷一《屯》。
〔註33〕胡炳文《周易本義通釋》卷三《象上傳》。
〔註34〕孔《疏》。

以四正應，求以為婚，必得媾合，所以「往吉，無不利」。「吉」以剛柔相得之善言，「利」以濟屯之功言。《象旨》：「六四雖與初九正應，必待其求而後往，故爻稱其明。」〔註35〕

仲虎曰：「凡爻例上為往，下為來。六四下而從初，亦謂之往者，據我適人，於文當言往，不可言來。如《需》上六『三人來』，據人適我，可謂之來，不可謂往。又變例也。男下女為婚。初下四，求婚媾也。四之往者，應也。初居下而應於己，四待下之求而後往則吉，必如是而後合男女婚媾之禮，必如是而後見士夫出處之義。」〔註36〕

九五：屯其膏，小貞吉，大貞凶。　《象》曰：「屯其膏」，施未光也。

述曰：「膏者，坎為雨也，《詩》謂『陰雨膏之』。『卦坎在上，為雲而不為雨，屯膏之象。』〔註37〕」〔註38〕九五剛中居尊，雲行雨施，以澤萬方，斯其事矣。而時方且蔽掩於上下之陰，有膏澤而不得施，此屯之所以屯也。「陽大陰小，孟康言『小貞臣，大貞君』。」〔註39〕人臣陰柔之小而當其屯，此有司出納之吝，於義正而吉。九五陽剛之大而滯於群小，屯難其膏，則無以收人心而濟大事，雖貞必凶也。五爻位得正，以坎體屯膏，故有「貞凶」之象。所以失眾陰之歸而亨，屯在震之初也。

張清子曰：「『光』，陽光〔註40〕也。五陽德本明，以陷於坎中，為二陰所掩，如雨為密雲所蓄，故曰『施未光』。」〔註41〕質卿曰：「膏，不可屯者也。在天為雨露之澤，在人為血氣之液，在民生日用為穀帛飲食之需，一日而不可屯者。雨露不施則槁矣，氣血不流則憊矣，日用之無需則離散矣。人君奈何『屯其膏』？民心已聚而復駭，大事幾定而復隳，凶之道也。」

上六：乘馬班如，泣血漣如。　《象》曰：「泣血漣如」，何可長也？

述曰：《象旨》：「上『乘馬』，以乘九五言。處屯之終，三非己應，而五在坎中，不足歸，又去得民之初最遠也，故『乘馬班如』。坎為血卦，為隱伏，

〔註35〕熊過《周易象旨決錄》卷一《屯》。
〔註36〕胡炳文《周易本義通釋》卷一《屯》。
〔註37〕吳澄《易纂言》卷一《屯》：「屯卦坎在上，為雲而不為雨，天之膏澤艱屯而不下之象。」
〔註38〕熊過《周易象旨決錄》卷一《屯》。
〔註39〕熊過《周易象旨決錄》卷一《屯》。
〔註40〕「光」，《周易本義附錄集註》作「德」。
〔註41〕張清子編《周易本義附錄集註》卷一《屯》，《日本宮內廳書陵部藏宋元版漢籍選刊》第2冊，上海古籍出版社2013年版，第56頁。

故有「泣血」之象。」〔註42〕

　　上六「乘馬班如」與二爻、四爻不異，二與初比，事定而從；四與初應，待求而往；九五君位已定，乘馬班如，將何待乎？屯道之窮，無所歸命，故「泣血漣如」。〔註43〕「『泣』者，無聲而出涕；『血』者，出涕如出血也。『漣如』，泣貌。」〔註44〕此與《比》「後夫凶」義同。

　　六二爻，項氏曰：「凡卦爻稱馬者，皆陰爻也。三陰皆為乘馬。馬本地類，於辰為午，即《坤》初六之氣也。對牛言之，則馬屬乾；就馬言之，則除良、老、瘠、駁之外，皆不屬乾也。《屯》六二用震馬，四、上皆坎馬；《晉》用坤馬；《賁》、《明夷》、《渙》皆用坎馬。諸卦各有坎〔註45〕象，然皆於陰爻言之，義可知矣。《屯》稱乘者，卦中四陰為乘也。四馬之中，獨六三居剛，故無虞而徑進，二、四、上居柔，故皆班旋而不行。當屯之時，柔者皆不能行也。班、邅、磐桓，皆屯之象。」〔註46〕「六二柔順，中正守常，而不知變，謂初九為寇，而不知其乃婚媾也。」〔註47〕「稱女子者，見賢而不從，世難而不救，此女子之貞，非丈夫之事。男子以濟世為貞，不以小諒為賢。孔子所以大管仲之功也。初九康屯之主，而以寇亂視之，豈明識之士哉？」〔註48〕「然而方難之初，近乘初九，方興之震，抗而不荅，其事至難。故於四陰之中，獨有屯邅之象，雖不為濟世之才，亦可謂人所難能矣，故曰『六二之難，乘剛也』。初九上歷純坤，始得君位，與二相應，坤為十，故曰『十年乃字，反常也』。」〔註49〕

　　九五爻，項氏曰：「屯不以九五為主者，天地開闢，始建侯以為主，五本在高位，非建侯也。初九『動乎險中』，故為濟屯之主。『天造草昧』，皆自下起；物之始生，陽氣在下。五能主事，則不屯矣，故九五不當復有主義。凡立

〔註42〕熊過《周易象旨決錄》卷一《屯》。
〔註43〕郭雍《郭氏傳家易說》卷一《屯》：
　　　　上六處屯之極，「乘馬班如」同二、四之道，可謂優柔不知變者矣，故進退猶豫，終以自傷，非可久之道也。二之「班如」，待正應也；四之「班如」，待求而往也；上六「班如」，獨無所待，進退不決而自傷耳。
〔註44〕吳澄《易纂言》卷一《屯》。
〔註45〕「坎」，《周易玩辭》作「馬」。
〔註46〕項安世《周易玩辭》卷二《乘馬班如》。
〔註47〕項安世《周易玩辭》卷二《匪寇婚媾》。
〔註48〕語序不同。項安世《周易玩辭》卷二《女子貞》：「六二稱女子者，見賢而不從，世難而不救，此女子之貞，非丈夫之事。此劉玄德所以輕許汜而重陳登也，觀此可見孔子大管仲之功。男子以濟世為貞，不以小諒為賢。」
〔註49〕項安世《周易玩辭》卷二《匪寇婚媾》。

事皆當艱難，膏澤一事不可艱難。五以坎水在上，當屯之時，艱以施澤者也。況濟屯乎！故曰『小貞吉，大貞凶』，言小人小事守此則吉，大人大事守此則凶。」〔註50〕

蒙䷃坎下艮上

《象旨》：「《蒙》承《屯》，以次《乾》、《坤》之後，何也？《屯》言乎其君道，主震之一陽；《蒙》言乎其師道，主坎之一陽。天祐下民，作之君師也。師之道皆利於貞。」〔註51〕

程《傳》：「艮為山、為止，坎為水、為險，山下有險，遇險而止，莫知所之，蒙之象也。水，必行之物始，出未有所之，故為蒙。及其進，則為亨義。」

楊廷秀曰：「蒙者，人之初，非性之昧，蓋稺而未達耳。」〔註52〕

蒙：亨。匪我求童蒙，童蒙求我。初筮告，再三瀆，瀆則不告，利貞。

《彖》曰：蒙，山下有險。險而止，蒙。「蒙：亨」，以亨行時中也。「匪我求童蒙，童蒙求我」，志應也。「初筮告」，以剛中也。「再三瀆，瀆則不告」，瀆蒙也。蒙以養正，聖功也。

述曰：蔡介夫曰：「『蒙：亨』，蒙者亨也，亨不終於蒙也。蒙之所以得亨者，『匪我求童蒙，童蒙求我。初筮告，再三瀆，瀆不告』也。」〔註53〕以九二陽剛得中者言也。觀六五獨言「童蒙」，則知我為二自謂。教者無求於學者，學者有求於教者，而後師保之道尊。〔註54〕學者之求教者，如叩神明而不瀆；教者之告學者，達其誠心，而不以言瀆，然後師保之言入。「利貞」者，蒙之所利與發蒙者之所利，惟貞而已矣。

「蒙，山下有險，險而止，蒙」，「退則困險，進則閡山，不知所適，蒙之義也」〔註55〕。「蒙：亨」，蒙可以亨也。亨蒙者何？能以亨蒙之道而行以時中也。當其可之謂時，無過不及之謂中。凡陰之蒙，必求陽明以致亨。九二獨以

〔註50〕項安世《周易玩辭》卷二《九五》。

〔註51〕熊過《周易象旨決錄》卷一《蒙》。

〔註52〕楊萬里《誠齋易傳》卷二《蒙》。

〔註53〕蔡清《易經蒙引》卷二上《蒙》。

〔註54〕楊萬里《誠齋易傳》卷二《蒙》：「教者無求於學者，然後先王之道尊；學者有求於教者，然後教者之言入。道尊則傳而行，言入則信而堅。」張獻翼《讀易紀聞》卷一《蒙》引之而不言。

〔註55〕王《注》。

陽居中應五，有為君者師之象。師嚴道尊，教乃可行。「匪我求童蒙，童蒙求我」，童蒙之來求我，志應故也。志不相應，其蒙未可發也。以剛中而發人之蒙，如蓍龜待問，惟人之求，初筮極誠，是以告之，誠感誠應，受命如響。至再三則不信初筮之告矣。不信初筮之告，是不信神明而褻瀆之矣，故「瀆則不告」。若又告之，是告者反瀆蒙者也。不瀆其心，使之一於誠也。匪剛且中，何以得時中之教哉？以此養蒙，開其誠心，動其憤悱，是謂「蒙以養正」，作聖之功也。貞之所以利，蒙之所以亨歟？王《註》：「夫明莫若聖，昧莫若蒙。蒙以養正，乃聖功也。」然則養蒙以明，失其道矣。

楊廷秀曰：「未達而求達者，一問答而加多；不達而求其達者，百問答而加少。初筮而告，達其蒙也。再三而不告，亦達其蒙也。一告而達則悅，再三而不告則憤。安知憤者之達不深於悅者乎？」〔註56〕

敬仲曰：「明者深念蒙者之性，至善至靈，特不自見自信，致此蒙塞，甚念啟告之。必待其求我而後告者」〔註57〕，以非求之切，其蒙未可發也，故曰「以亨行時中也」。《紀聞》曰：「『初筮告，瀆則不告』者，何以言其不告也？誠意專一而筮，則神之告之。卦辭爻辭應合所問。如占婚姻，與之《咸》、《恒》，曰『納婦吉』，曰『勿用取女』，曰『歸妹征凶』；占征伐，曰『利用侵伐』，曰『在師中吉』，曰『不利行師』，曰『勿用師』；占田獵，曰『田獲三狐』，曰『田獲三品』，曰『即鹿無虞』，曰『田無禽』。若此者皆所謂告也。若夫卦辭爻辭不應之事，此即誠意不至，所謂不告也。」〔註58〕

《象旨》：「我謂二，童蒙謂五，初謂初六，再謂四。陽一陰二，兩其二而為再。三指六三。崔憬曰：『三應於上，四隔於三，與二為瀆，故二不告。』」

〔註56〕楊萬里《誠齋易傳》卷二《蒙》。張獻翼《讀易紀聞》卷一《蒙》引之而不言。

〔註57〕楊簡《楊氏易傳》卷三《蒙》。

〔註58〕張獻翼《讀易紀聞》卷一《蒙》。按：本胡一桂《周易本義啟蒙翼傳》下篇《卜筮合象占為一說》：

文王於《蒙》嘗起其占筮之教矣，其言曰：「匪我求童蒙，童蒙求我，初筮告，再三瀆，瀆則不告，利貞。」周子曰：「筮者，扣神也。再三瀆，瀆則不告矣。」此文王之所以起其例也。夫占而揲蓍，積十有八變必成一卦，卦必有卦辭，爻必有爻辭，何以言其告不告也？蓋誠意專一而筮，則神之告之卦辭爻辭，應合所問。如占婚姻，與之《咸》、《恒》，曰「納婦吉」，曰「勿用取女」，曰「歸妹征凶，無攸利」；占征伐，曰「利用侵伐」，曰「在師中吉」，曰「不利行師」，曰「勿用師」；占田獵，曰「田獲三狐」，曰「田獲三品」，曰「即鹿無虞」，曰「田無禽」。若此者皆所謂告也。若夫卦辭爻辭不應所占之事，此則誠意不至，二、三之瀆，而所謂不告者也，此即文王之所謂不告也。

荀爽曰：『再三，三與四也，皆乘陽不敬，故曰瀆。』按：卦以二為治蒙之主，崔、荀說是也。諸儒自王弼而下，指上九，失象旨矣。『利貞』者，虞翻曰：『二、五失位，利變之正，故利貞。』此於卦體灼然有見。蓋如是，則大觀在上，作之君，作之師矣。蒙之師猶在下也。陽也者，宜上者也。程先生獨指二，似少偏矣。」〔註59〕

《象》曰：山下出泉，蒙。君子以果行育德。

　　述曰：游定夫曰：「山下出泉，其一未散，其勢未達。觀其勢之未達則果行，觀其一之未散則育德。」〔註60〕夫純一未發之謂蒙，泉靜而清之體也，尚無所汩，尚未之行也。君子思以開其德性之蒙，體坎之剛中，以果決其行；體艮之靜止，以養育其德。蓋泉出險而常流，吾之行以之。夫以涓涓之微而能必至於海者，惟其行而不息也，非勉勉循循則不至也。泉淵深而常寂，吾之德以之。夫以大人之德而由不失赤子之心者，惟其養而無害也，非勿忘勿助則不成也。然則蒙者，其混沌未鑿之天乎？故天命之性，山下之泉也。溥博淵泉，盡性之聖也。果行育德，作聖之功也。淮海曰：「果行始足以育德，如水流有本，而後靜深也。教者能果行育德，則教有本而不匱。學者能果行育德，則學有本而不匱。」〔註61〕

初六：發蒙，利用刑人，用說桎梏，以往吝。　《象》曰：「利用刑人」，以正法也。

　　述曰：「發蒙」者，以初近於九二。二以陽處中，明能照闇，能發初六之蒙也。何以遽言「利用刑人」也？初六，下民之蒙。發蒙者撤其障蔽，則當明刑禁以示之，刑設而民始知法，法正而民始知威，然後教可行也。「用說桎梏」者，足械曰桎，手械曰梏，皆刑之重而不可解者。凡民滅趾不懲，必至滅耳。刑人之用，正欲其小懲大戒，不至陷身於此，為刑戮之民也。若不禁之於初，過此以往，不復能改而吝，吝則趨於凶，蒙轉成頑矣。發蒙者早見此，亦九二「以亨行時中」之意。

　　王《註》：「刑人之道，道所惡也。以正法制，故刑人也。」孔《疏》：「『利

〔註59〕熊過《周易象旨決錄》卷一《蒙》。
〔註60〕（宋）方聞一《大易粹言》卷四《蒙》。董真卿《周易會通·周易經傳集程朱解附錄纂註卷二·蒙》、胡廣《周易大全》卷三《蒙》。按：原出（宋）游酢《游鷹山集》卷二《易說》。
〔註61〕（明）孫應鼇《淮海易談》卷一《蒙》。（《四庫全書存目叢書》經部第7冊，第646頁）

用刑人」者，以正其法制，不可不刑矣。故刑罰不可不施於國，而鞭樸不可不行於家。」程《傳》：「發蒙之初，遽用刑人，無乃不教而誅乎？不知立法制刑，乃所以教也。蓋後之論刑者，不復知教化在其中矣。」

九二：包蒙吉，納婦吉，子克家。　《象》曰：「子克家」，剛柔接也。

述曰：九二陽剛，六五陰柔，以下發上體為不順，而九二得中，「以亨行時中」者也，有「包蒙」之象。〔註62〕發蒙全貴於能養。「包蒙」者，養蒙也，明足以達蒙之心，包含而遜入之，禁其邪萌於未發，而開其善端之自動，蒙駿駿然若受江河之潤吉也。「納婦」者，所以明「包蒙」之意，如納婦焉則吉。婦人至蒙，納而不距，以明容暗。暗亦可明，豈非吉乎？包蒙之吉，如納婦之吉，如此則主德成就，天下有君，以臣道專亨蒙之責，「子克家」之象也。「包與納二虛，能受之象。克九剛，能任之象。」〔註63〕爻在下體中央，有「家」象。以二應五，任內理事，「克家」之象。「一六五也，性陰有蒙象，陰應陽有婦象，位尊有父象。」〔註64〕「婦，六五，尊教者也。子，九二，尊受教者也。」〔註65〕

《象》曰「剛柔接也」，六五柔中之主，下應剛中，情親至協，故得包而納之，是謂「子克家」。敬仲曰：「凡下明上暗者，必其情如父子之親，必有父信其子之心，而後可。」〔註66〕

質卿曰：「人之至親，無如一家，至愛無如婦。而至所親信者，莫如子。包蒙者以納婦之心處之，何蒙之不受其益？任人者以親信其子之心信之，何發蒙者之不能克家？」《紀聞》曰：「剛柔有上下之分，故《屯》二之於初惡其乘剛；柔有往來之情，故《蒙》二之於五喜其接。」〔註67〕

〔註62〕楊簡《楊氏易傳》卷三《蒙》：

　　九二陽明，六五陰蒙，以下發上體為不順，而九二居下卦之中，中道也，有得道之象焉，則能「包蒙」者也。

〔註63〕胡炳文《周易本義通釋》卷一《蒙》。張獻翼《讀易紀聞》卷一《蒙》引之而不言。

〔註64〕胡炳文《周易本義通釋》卷一《蒙》。張獻翼《讀易紀聞》卷一《蒙》引之而不言。

〔註65〕楊萬里《誠齋易傳》卷二《蒙》：「婦，群蒙尊教者也；子，九二尊受教者也。」張獻翼《讀易紀聞》卷一《蒙》引之而不言。

〔註66〕楊簡《楊氏易傳》卷三《蒙》：「凡下明上蒙者，必其情如父子之親，亦皆有信其父子之誠而後可。」

〔註67〕胡炳文《周易本義通釋》卷三《象上傳》。張獻翼《讀易紀聞》卷一《蒙》引之而不言。

六三：勿用取女，見金夫，不有躬，無攸利。　《象》曰：「勿用取女」，行不順也。

述曰：九二包蒙如納婦，得亨蒙之道也。蒙如六三，發之不能，包之不可，非可納之婦矣，故戒之曰「勿用取女」。六陰象女，而居陽位，柔暗而多僻，躁動而易邪，女之「見金夫，不有躬」者也。陰不自持，見金即悅金，即其夫而以身從之。如是之人，何攸利焉？其必勿取之矣，斥之示不屑之教也。《象》曰「行不順也」，女子所持者身，待求而應，不貳其行，是之謂順。若乃見利輕忘其身，則逆行也，故曰「勿用」，道之棄也。

「金夫」，或指九二，或指上九。蓋卦惟二陽，六三之所比、應。《象旨》謂「陰柔易於近比，又坎體趨下，見九二納婦而從之，此女子不有其躬者」〔註68〕。與程《傳》同。王《註》則謂「上不求三而三求上，女先求男也。女見剛夫而求之，亦不有其躬之象，以陰柔位不中正故也」〔註69〕。彭山依朱《義》泛說〔註70〕，今從之。「上下四陰爻，皆因二以起義。五應二，則為『童蒙之吉』。初承二，則為『發蒙』之『利』。四遠二，不明者也，則為『困蒙之吝』。三乘二，不順者也，不以蒙待之，故不言蒙。」〔註71〕

六四：困蒙，吝。　《象》曰：「困蒙」之「吝」，獨遠實也。

述曰：陰資陽以為明者，六四陰居陰位，而上下又與二陰相比，獨遠於陽，

〔註68〕熊過《周易象旨決錄》卷一《蒙》：
　　　三變則巽，為長女。「勿用取」者，三雖應上，然陰性本柔，而又坎體趨下，舍上正應，近見九二納婦而從之，此女子之「不有躬」者。
〔註69〕王《注》：
　　　六三在下卦之上，上九在上卦之上，男女之義也。上不求三而三求上，女先求男者也。女之為體，正行以待命者也。見剛夫而求之，故曰「不有躬」也。
〔註70〕朱熹《周易本義》：
　　　六三陰柔，不中不正，女之見金夫而不能有其身之象也。占者遇之，則其取女必得如是之人，無所利矣。「金夫」，蓋以金略己而挑之，若魯秋胡之為者。
　　　季本《易學四同》卷一《蒙》：
　　　「取女」本二爻「納婦」而言。六，陰，女象也。而居於二，不中不正，見利而動者也。「『金夫』，蓋以金略己而挑之，若魯秋胡之為者」，而其妻悅之，失其身而不順也。如此人者，一無所利。此本以蒙者言也，以其與「納婦吉」意相反，故有「勿用」之戒。聖人所以施不屑之教誨而絕不與親者。「金夫」，或指九二，或指上九，於義皆不愜，故朱子但泛言之，得其吉矣。
〔註71〕胡廣《周易大全》卷二《屯》，稱「建安丘氏曰」。張獻翼《讀易紀聞》卷一《蒙》引之而不言。

闇莫之發，故曰「困蒙」。〔註72〕質卿曰：「欲自振之，則限於師友之無助；欲自安之，則病於心息之未寧。惟求通，故知困；惟思明，故知蒙也。人心不通明，即為鄙吝，然知困亦一機矣。」

《注疏》：「陽謂九二之陽，陽稱實也。初〔註73〕三近九二，六五近上九，又應九二。惟此六四既不近二，又不近上，故云『獨遠實』。陽主生息，故稱實。陰主消損，故不得言實。」

彭山曰：「困亦卦名也，與蒙相似，皆以內體坎險，有以柔掩剛之象。但外遇兌則為『險而說』，說有徐通之意，因之而名困；外遇艮則為『險而止』，止有靜養之意，因之而名蒙。其別如此，然困甚於蒙也。」〔註74〕

六五：童蒙，吉。　《象》曰：「童蒙」之「吉」，順以巽也。

述曰：王《註》：「以夫陰質居於尊位，不自任察而委於二，付物以能，不勞聰明，功斯克矣，故曰『童蒙，吉』。」敬仲曰：「六五雖陰，而未明而能應，亨蒙之主。柔順而聽，如童蒙然。」〔註75〕內無知識之萌，外無聞見之雜，蒙者之求而有初筮之誠者也。故爻莫善於童蒙。艮為少男，故象「童蒙」。

「順以巽也」，六五本互坤，為順，有應於二，動而成巽。卦本以陰從陽，巽則善入。若順而不巽，則從而不知其所以順，雖是明師，亦無可成之理。六五兼巽順之德，自居於童稚之蒙，以下學於九二之賢，蒙之所以作聖也。「高宗自以其德弗類，學於傅說；武王自以不知彝倫，訪於箕子。」〔註76〕得順巽之義矣。

上九：擊蒙，不利為寇，利禦寇。　《象》曰：利用禦寇，上下順也。

述曰：上為蒙之極也。蒙極，教道窮矣，則當擊而治之。陽剛在上，能用

〔註72〕董真卿《周易會通・周易經傳集程朱解附錄纂註卷二・蒙》：
　　楊氏時曰：「陰資陽以為明。六四之困蒙，遠於陽故也。陽實而陰虛，實為陽也。不能親賢以發其蒙，其困吝宜矣。」
　　季本《易學四同》卷三《象象爻上傳》：
　　陽實陰虛，實謂陽剛。遠實與陽剛相遠也。陰資陽以為明者，九四既以陰居陰位，而上下又與二陰相比，遠於陽而明無所資者也，所以為困。
〔註73〕「初」，孔《疏》作「六」。
〔註74〕季本《易學四同》卷一《蒙》。
〔註75〕楊簡《楊氏易傳》卷四《蒙》：「六五雖陰，而未明而能應，九二陽明之至，柔順而聽，如童蒙然，故吉。」
〔註76〕楊萬里《誠齋易傳》卷二《蒙》。張獻翼《讀易紀聞》卷一《蒙》引之而不言。

威者,故有「擊蒙」之象,但擊其蒙而已。〔註77〕剛極而不中,故有「不利為寇,利禦寇」之戒。〔註78〕禦寇者用擊,擊之而生之也。為寇者亦用擊,擊之而害之也。三為坎盜,而上九應之,有「寇」象。擊蒙過當,非我為寇乎?寇蒙則我反失道,而蒙反成頑,不利孰甚焉!艮山能止坎水,有「禦寇」象,但去坎險之為蒙賊者,使內惡不萌,外誘不入,而蒙德成矣。蒙之利莫大焉者也!利,亨也。

或曰:「擊蒙」,擊三也。九二發蒙之主,童蒙之所任,眾陰之所歸,獨三陰柔,其行不順,非所謂寇乎?上九陽剛,以正處己,以正治蒙,至於用擊,故曰「『利用禦寇』,上下順也」。治其蒙,禦其寇,道當如是而不過,則上以順施,下以順從,雖蒙者當亦順聽而心服。夫由道而行,其效如此。

《紀聞》曰:「『蒙至於擊,則繼之以怒矣,教其未裕乎?蓋包者,容其發之所不逮;擊者,攻其包之所已窮。發之之盡而包之之極,然猶蒙而不化,以至於擊〔註79〕。』〔註80〕『教之成,有如《王制》所云不變者斯擊之矣。』〔註81〕」〔註82〕

質卿曰:「甚哉,蒙之當發也!曰『刑人』,曰『桎梏』,曰『寇』,一毫蒙蔽,皆此生之罪人賊子也。袪而去之,始成其為人。天下之理,順而已矣。順之斯為明,逆之即為蒙矣。三之『勿用』,以其『行不順也』;五之『童蒙』,惟其『順以巽也』。故禦寇之利,上下順也。大抵人心虛朗,如水常流通。但一塵飛而蔽天,便於順者逆矣。上之順,順在法雨之施,皆能生物,非益其所本無;下之順,順在受天之澤,皆成潤益,還其所本有。」

初六爻,項氏曰:「刑之於小,所以脫之於大,此聖人用刑之本心也。所以正法,非所以致刑也。用擊師之,猶為禦,而不為寇。蓋聖人之於蒙,哀矜之意常多,此九二之『包蒙』所以為一卦之主也歟?」〔註83〕「發蒙者利於初,過此以往,其習已深,雖欲止之,亦咨而難脫其勢,必至於桎梏也。故刑之於

〔註77〕章潢《周易象義》卷一《蒙》:
　　　　上為蒙之極也。蒙極,未易開通,則當擊而治之。九以陽剛在上,而當蒙極之時,故有「擊蒙」之象。但攻擊本不得已用之。
〔註78〕程《傳》:「然九居上,剛極而不中,故戒『不利為寇』。」
〔註79〕「擊」,《誠齋易傳》作「寇」。
〔註80〕楊萬里《誠齋易傳》卷二《蒙》。張獻翼《讀易紀聞》引之而不言。
〔註81〕崔銑《讀易餘言》卷一《易》。張獻翼《讀易紀聞》引之而不言。
〔註82〕張獻翼《讀易紀聞》卷一《蒙》。
〔註83〕項安世《周易玩辭》卷二《利用刑人用說桎梏》。

初者,正法以示之而有餘;正之於後者,干戈以禦之而不足。坎為法律,在卦之始;艮為守禦,在卦之終。象之示人,可謂明矣。以爻象推之,往則入於坎中,故為吝;脫則坎變為兌,是因險而得說也。」〔註84〕

六三爻,項氏曰:「以陰柔處蒙闇,不中不正,女之妄動者也。」〔註85〕又「三變則巽,為長女。『勿用取』者,三雖應上,然陰性本柔,而又坎體趨下,舍上正應,不能遠從,近見九二納婦而從之,此女子之『不有躬』者。『金夫』,九二乾爻也。乾為金,故稱『金夫』」〔註86〕。「女德以順為正。」〔註87〕「從人當由正禮,乃見人之多金,說而從之,不能保有其身之象」〔註88〕,非順也。取女而得如是之人,無所利矣。「故爻言『勿取』,《象》言『不順』」〔註89〕,言不以順為正也。「婦以從夫為順,苟非其夫,皆謂之不順。三稱『不順』,則從二明矣;五稱『順』,則不從上明矣。蓋三陷於不中,非能有其身者。五止〔註90〕於三,不當稱見,曰『見金夫』,明為近利而夫之也。上艮為躬,曰『不有躬』,明棄上也。此為學者非蒙非婦,以利而來者,聖賢所不答也。」〔註91〕如「陳相下喬而入幽,即六三舍上而從下;公孫曲學以阿世,即六三見利而失身。斯事獨可用乎?用之無所不至矣。」〔註92〕

上九爻,項氏曰:「上九所擊之蒙,莫近於五、四,然皆他人之應,非治之所當治,若擊之,是為寇也,於理不順。獨六三在下,與上正應,乃見金而背上,恃險而為盜,若擊之,是禦寇也。蓋『上以剛禦三,三以柔從上』〔註93〕,於理為順,故曰『上下順也』。正以明上之應在下,則其順自當在下,不當近取上體之四、五也。在下為下之順上,在上為上下順,兩『順』字正相應。」〔註94〕

〔註84〕項安世《周易玩辭》卷二《以往吝》。

〔註85〕程《傳》。

〔註86〕熊過《周易象旨決錄》卷一《蒙》,無「不能遠從」四字。

〔註87〕楊萬里《誠齋易傳》卷二《蒙》。

〔註88〕程《傳》。

〔註89〕項安世《周易玩辭》卷二《六三》。

〔註90〕《周易玩辭》:「五止於中,必無背二之理也。上為三夫,不當稱金,又遠於三,不當稱見,曰『見金夫』,明為近利而夫之也。」故此處「止」當作「遠」。

〔註91〕項安世《周易玩辭》卷二《六三》。

〔註92〕楊萬里《誠齋易傳》卷二《蒙》。張獻翼《讀易紀聞》卷一《蒙》引之而不言。

〔註93〕非《周易玩辭》之語。熊過《周易象旨決錄》卷一《蒙》:「上以剛御三,三以柔從上,上下皆順也。」

〔註94〕項安世《周易玩辭》卷二《上下順也》:

需 ䷄ 乾下坎上

楊氏曰：「需之義有二：有需於人者，有為人所需者。需於人者，初、二、三、四、上是也；為人所需者，五是也。惟為人所需者既中正而居天位，則雖險在前而終必克濟，非若《蹇》之見險而止也；雖坎居上而剛健不陷，非若《困》之剛掩也。」〔註95〕

張氏曰：「《需》合乾坎成卦，乾三陽進迫乎坎，遇險而能需者也；坎一陽居中守正，處險而能需者也。遇險而能需，則不至犯險；處險而能需，則又將出險矣。」〔註96〕

需：有孚，光亨，貞吉，利涉大川。

《彖》曰：需，須也，險在前也。剛健而不陷，其義不困窮矣。「需：有孚，光亨，貞吉」，位乎天位，以正中也。「利涉大川」，往有功也。

述曰：《彖旨》：「五為成卦主爻，『有孚』、『光亨』、『貞吉』皆言五也。『利涉大川』，乾知險也。大川，坎象。」〔註97〕仲虎曰：「乾陽在下，皆有所需。而九五坎陽在上，又為眾所需。需而無實，有光且亨之時。需而非正，無吉且利之理。」〔註98〕

趙汝楳曰：「九五坎中實體，即乾中爻一體相信，是為『有孚』。曰『光亨』，乾晦於下，以五有孚，故晦者光而亨也。曰『貞吉』，九五居正與乾合德，非苟信者，故吉也。」〔註99〕「以此而需，何所不濟？雖險無難矣。」〔註100〕

上九所擊之蒙，莫近於五、四，然皆他人之應，非我之所當治，若擊之，是為寇也，於理不順。獨六三在下，與上正應，乃見金而背上，恃險而為盜，若擊之，是禦寇也。於理為順，故曰「上下順也」。以明上之應在下，則其敵亦當在下，不當近取上體之五四也。在六三為行不順，在上為上下順，兩「順」字正相應。

〔註95〕（元）胡震《周易衍義》卷二《需》、胡廣《周易大全》卷三《需》，稱「楊氏曰」。又見（明）葉良佩《周易義叢》卷二《需》，稱「楊中立曰」。

又，張獻翼《讀易紀聞》卷一《需》：「需之義有二：有需於人者，初、二、三、四、上是也；有為人所需者，五是也」，本此而不言。

〔註96〕胡廣《周易大全》卷三《需》，稱「中溪張氏曰」。

〔註97〕熊過《周易象旨決錄》卷一《需》。

〔註98〕胡炳文《周易本義通釋》卷一《需》。

〔註99〕趙汝楳《周易輯聞》卷一下《需》：

乾雖為坎所限，然坎之陽本乾之中爻，九五與乾陽交信，故曰「有孚」。卦辭未有言光者，乾晦於下，能少需而行，則晦者光而亨也。「貞吉」言九五居正，非與乾苟信者，故吉也。

〔註100〕程《傳》。

卦以乾之坎成需，乾剛可以濟險，「見險而未可動，能動而能不動者也」
〔註101〕，故曰「剛健而不陷」，此必非陰柔者可能。蔡介夫曰：「陰柔性躁，
不能寧耐。乾剛則沉毅不苟，而能寧耐，所謂『乾，天下之至健也』。德行恒
易以知險。」〔註102〕其義不困窮矣。「困於陷，則窮無所往。」〔註103〕惟不
困不窮，乃見能需，則待之義勝也。「需：有孚」，遂「光亨，貞吉」者，以卦
之九五位乎天位，正而且中也。正中乃天位，本然如此，不正則邪，不中則偏，
可謂天位乎？五宅天位而正中，是故需而有孚，與三陽同德而不疑其進也，則
得所需矣。「有孚」則光而亨，貞而吉，九五所以為需之至善，故能「利涉大
川」而有功。何晏曰：「『大川』者，大難也。需之待時，本欲涉難，既能以信
而待，故可以『利涉大川』矣。」〔註104〕

吳因之曰：「坎之一陽與乾同體，所以能孚。五在險中，此時痏瘝之念，
如何放得下。時變如何，好不躊躇。只是雖切隱憂，胸中又卻寬閒無事，坦坦
平平，前邊沒一箇怏怏的念頭，後邊沒一箇冀望的念頭，此謂之『有孚』。又
有一箇大來歷，直須事求有、功求成之意些子不留，纔能有孚，所以聖人從無
取必，又曰惟有孚，然後能貞。」

質卿曰：「『需：有孚』如何便光？夫知險知阻，豈是暗蔽者能之？如人有
燈燭在手，便處處能破黑暗，面前坑坎豈能陷之？卻不是光。天下之人只見奮
發有為者能有功，不知能需者之往卻亦有功。只能需，便是氣力。氣力全者，
未有不濟天下之事者也，故聖人特發有功之義。」

蘇氏曰：「乾之欲進，凡為坎者皆不樂也，是故四與之抗，傷而後避；上
六知不可抗，而敬以求免。夫敬以求免，猶有疑也。物之不用疑者，亦不以敬
相攝矣。至於五知乾之不吾害，知己之足以禦之，是以內之不疑，故曰『有孚，
光亨，貞吉』。光者，物之神，蓋出於形器之表矣。故《易》凡言光、言光大
者，皆其見遠知大者也。其言未光、未光大者，則隘且陋矣。」〔註105〕

章氏曰：「涉川者，冒險爭先則危，需則利。需之道，於涉川為最切。是
故坎中陽為能需，乾卦三陽為可需，總是言需之善。」〔註106〕

〔註101〕楊萬里《誠齋易傳》卷二《需》。張獻翼《讀易紀聞》卷一《需》引之而不言。
〔註102〕蔡清《易經蒙引》卷二上《需》。
〔註103〕季本《易學四同》卷三《彖象爻上傳》。
〔註104〕李鼎祚《周易集解》卷二《需》。
〔註105〕蘇軾《東坡易傳》卷一《需》。
〔註106〕章潢《周易象義》卷一《需》。

《象》曰：雲上於天，需。君子以飲食宴樂。

　　述曰：孔《疏》：「坎不言雨，雨是已下之物，不是須待之義。不言天上有雲而言『雲上於天』者，若是天上有雲，無以見欲雨之義，故云『雲上於天』，是天之欲雨，待時而落，所以明需天惠將施而盛德又亨，故君子於此之時『以飲食宴樂』也。」

　　項氏曰：「雲氣陟於九天之上，而後雨可需。若本無雲，何需之有？此所以貴於有孚。」〔註107〕「飲食以養陰，象坎；宴樂以養陽，象乾。『飲食宴樂』，需客之具也。然『飲食宴樂』皆有陷溺之禍，惟自強者以剛制之，故需以乾坎成象，兼取其剛健而不陷也。」〔註108〕

初九：需於郊，利用恒，无咎。　《象》曰：「需於郊」，不犯難行也。「利用恒，无咎」，未失常也。

　　述曰：王《註》：「居需之時，最遠於險，能抑其進，不犯難行也〔註109〕，雖不應機，可以保常。」故「无咎」。坰外曰郊，平曠無險之象。乾剛得正，「利在安守其常」〔註110〕也。

　　程《傳》：「陽之為物，剛健上進者也。初能需之於郊，不犯險難而進矣。雖不進，而志動者未能安其常也。」九陽在下，「安靜自守，志雖有需，而恬然若將終身焉，乃能用恒也」〔註111〕。

　　質卿曰：「天下之事，只當需，不需是犯難而行。夫事從其易，而行之無所不濟，故乾德行恒易以知險。只不犯難而行，便是常。不失常，便是恒德。人惟中無常主，或為才能所使，或為事勢所激，或為意氣所動，不覺便犯難行。所以不失常最難。『飲食宴樂』，不失常也。若能不失常，更有何事？顏子一簞一瓢，直比禹、稷。」

九二：需於沙，小有言，終吉。　《象》曰：「需於沙」，衍在中也。雖「小有言」，以吉終也。

　　述曰：「九二漸近乎險，故曰『需於沙』。」〔註112〕「荀爽、虞翻皆曰

〔註107〕項安世《周易玩辭》卷二《雲上於天》。
〔註108〕項安世《周易玩辭》卷二《飲食宴樂》。
〔註109〕「不犯難行也」，王《註》作「以遠險待時」。
〔註110〕程《傳》。
〔註111〕程《傳》。
〔註112〕王《注》：「轉近於難，故曰『需於沙』也。」
　　　　　楊簡《楊氏易傳》卷四《需》：「九二稍近於險矣，故曰『於沙』。」

水中之陽稱沙，謂與五應也。」〔註113〕履健居中，亦未嘗進而需焉，以待其會，雖小有言，以吉終也。〔註114〕《象旨》：「二何以致言？當是時，知其前險者，責之以潔身；知其不陷者，責之以拯溺。拯溺者，失於見幾；潔身者，至於亂倫。而二之『終吉』，以陽德平衍，易以知險，又在下卦之中，而能需也。」〔註115〕

仲虎曰：「初九以剛居剛，恐其躁急，故雖遠險，猶有戒辭。九二以剛居柔，性寬而得中，故雖近險，而不害其為吉。」〔註116〕「衍在中」者，胸次寬衍，綽有餘地，不以進動其心，亦不以小言動其心，如是終吉。〔註117〕趙汝楳曰：「以『衍在中』，終與五位正中者有孚而吉也。」〔註118〕

九三：需於泥，致寇至。　《象》曰：「需於泥」，災在外也。自我致寇，敬慎不敗也。

述曰：荀爽曰：「親與坎接，故稱『泥』。須止不進，不趣於四，不致寇害。」〔註119〕趙氏曰：「水涯之泥善陷，切近於險之象。四坎陷，寇象。三廹於險，居位則然，非致寇者。然才位俱剛，進不顧前，能無窮乎？致寇之云，欲人遠險如初，戒人即險如三也。」〔註120〕

「災在外也」，「災謂寇之為害者。『外』，外體也」〔註121〕。敬仲曰：「雖

章潢《周易象義》卷一《需》：「九二漸近乎險正，與坎中相值，故為『需於沙』之象。」

〔註113〕熊過《周易象旨決錄》卷一《需》。

按：李鼎祚《周易集解》卷二《需》：

虞翻曰：「沙謂五。水中之陽稱沙也。」

荀爽曰：「二應於五，水中之剛，故曰『沙』。」

〔註114〕楊簡《楊氏易傳》卷四《需》：「故亦未嘗進而需焉，偶其所處稍近險，非好進而近險也，故雖小有言而終吉。」

王《注》：「履健居中，以待其會，雖小有言，以吉終也。」

〔註115〕熊過《周易象旨決錄》卷一《需》。

〔註116〕胡炳文《周易本義通釋》卷一《需》。

按：本項安世《周易玩辭》卷二《初九　九二》：

蓋初九以剛居剛，恐其躁急，故雖遠而猶戒；九二以剛居柔，性寬衍而居得中，故雖見侵毀，猶不害為終吉也。

〔註117〕楊簡《楊氏易傳》卷四《需》：「『衍在中』者，言九二胷中寬衍平夷，初不以進動其心，亦不以小言動其心。夫如是『終吉』。」

〔註118〕趙汝楳《周易輯聞》未見此語。

〔註119〕李鼎祚《周易集解》卷二《需》。

〔註120〕趙汝楳《周易輯聞》卷一下《需》。

〔註121〕季本《易學四同》卷三《象象爻上傳》。

處廻險之地，致寇則寇至，不致寇則寇不至。」〔註122〕彭山曰：「『敬慎不敗』，即所謂『剛健而不陷』也。」〔註123〕汝吉曰：「乾體健能敬，敬而加慎，於泥中需焉，可以無敗。何也？敬自我者也。夫泥中不可須臾處者也，而需焉，惟乾德者能之。『終日乾乾』，無不敬也，敬天則也，天則不以泥中而忘也。」

「問敬慎之別。曰：敬字大，慎字小。如人行路，一直任地去便是敬。前面險處，防有顛躓，便是慎。慎是惟恐有失之意。三能敬，則雖廻坎之險而不敗；四能順，則雖陷坎之險而可出。敬與順固處險之道也。」〔註124〕

六四：需於血，出自穴。　《象》曰：「需於血」，順以聽也。

述曰：坎為血卦。「血，陰之傷也。」〔註125〕四交坎體而抗三陽之進，抗則傷矣。履傷之地，安柔之分，退伏不動，即為「需於血」。「坎兩偶之畫像穴。」〔註126〕「穴者，陰之宅也。」〔註127〕「處坎之始，居穴者也。」〔註128〕九三剛進，四不能距，見侵則闢。「順於九五而聽三陽之進，是自穴而出於外矣」〔註129〕，故曰「出自穴」。六與四皆柔，有順聽之義。「古註云：以戰鬥言，其出則為血；以居處言，其處即為穴。」〔註130〕

《紀聞》曰：「『需於郊』者，險地尚遠，人所必不避也而避焉，以剛而能守也。『需於血』者，險難廹切，人所必不安也而安焉，以柔而不競也。」〔註131〕吳因之曰：「不柔則好剛使氣，柔而不正則又躁妄欲速。惟柔而正，故能需而不進，然不是束手聽命其間，必自有委曲挽回之道，但不妄動耳。所謂『敬慎』，亦是如此。」

九五：需於酒食，貞吉。　《象》曰：「酒食，貞吉」，以中正也。

述曰：王《註》：「需之所須，以待達也。已得天位，暢其中正，無所復需，故酒食而已獲貞吉也。」徐進齋曰：「九五為需之主，以一陽處二陰之

〔註122〕楊簡《楊氏易傳》卷四《需》。
〔註123〕季本《易學四同》卷三《彖象爻上傳》。
〔註124〕張獻翼《讀易紀聞》卷一《需》。
〔註125〕王安石《臨川集》卷六十三《易泛論》。
〔註126〕熊過《周易象旨決錄》卷一《需》。
〔註127〕王安石《臨川集》卷六十三《易泛論》。
〔註128〕王《注》。
〔註129〕熊過《周易象旨決錄》卷一《需》。
〔註130〕熊過《周易象旨決錄》卷一《需》。
〔註131〕張獻翼《讀易紀聞》卷一《需》。

中，以待下三陽同德之援者也。陽彙而進，陰引而退，自此坎可平，險可夷矣，於此復何需哉？『需於酒食』焉耳。」〔註132〕無為而需，庶政之理焉；無事而需，百工之熙焉。需而忘其為需也。是天德之中正，所以坐致太平者也。

項氏曰：「六四以順聽稱需，九五至剛亦稱需者，一卦之主也。三陽恃其有孚，是以堅忍以需之。若上無九五，則賢者絕望久矣，又何需焉？需者，飲食之會也。在禮：速客之辭曰：『主人須矣。』三陽方來為客，五為主人，具酒食以需之，故曰『需於酒食』，明其為主也。」〔註133〕「需已至五，猶曰『貞吉』者，當需之時，所恃者九五耳，可不貞乎？五坎體也，使其正位而不中，則必與二陰比為險，不容三陽之來；使其雖中而不得正位，則亦不能主持三陽而使之進也。惟九五既中且正，有德有權，雖在險中，不沉溺於險，而能為主人，以速佳客，以保君子之貞，而成天下之吉。故曰『酒食貞吉，以中正也』。」〔註134〕獨上六不稱需，險已終也。

上六：入於穴，有不速之客三人來，敬之終吉。　《象》曰：「不速之客來，敬之終吉」，雖不當位，未大失也。

述曰：上六在坎之終，需極而變矣。「陰止於六，乃安其處，故為『入於穴』。」〔註135〕三陽須時而進者也。需既極矣，陰安其所，後者必至〔註136〕，象「不速之客三人來」也。「主人無意速客」〔註137〕，客來遂修主人之禮，故「敬之終吉」。上柔順，有「敬之」之象。「吉」者，得安於穴也。「原只是敬而順之，非因不能禦而後順也。」〔註138〕

《需》以五為主，能需三陽之進。上六非能主三陽者，故曰「不當位」。「然與人恭而有禮，雖『不如五之當位，愈於四之大失也』〔註139〕。」〔註140〕《象旨》：「四順聽矣，何以為失？血出而聽以為，聽之晚矣。」〔註141〕

〔註132〕胡廣《周易大全》卷三《需》。
〔註133〕項安世《周易玩辭》卷二《九五》。
〔註134〕項安世《周易玩辭》卷二《以中正也》。
〔註135〕程《傳》。
〔註136〕程《傳》：「安而既止，後者必至。」
〔註137〕章潢《周易象義》卷一《需》。
〔註138〕張獻翼《讀易紀聞》卷一《需》。
〔註139〕蘇軾《東坡易傳》卷一《需》。《周易象旨決錄》引之而不言。
〔註140〕熊過《周易象旨決錄》卷一《需》。
〔註141〕熊過《周易象旨決錄》卷一《需》。

「崔子鍾曰：『六四貪而以位為安，妨人之路，故教之出。上六卦終則變，進無所之，則教之入。』」〔註142〕趙汝楳曰：「四出穴，避陽也。六入穴，安陽也。」〔註143〕陽有彙徵之漸，陰安退伏之常，皆需也。君子以需而得，遂其進；小人以需而得，安其所。敬仲曰：「《易》為君子謀，未嘗不為小人謀。為小人而謀得吉，乃所以安君子也。」〔註144〕

《紀聞》曰：「九三為內卦之上，而『敬慎不敗』；上六為外卦之上，而『敬之終吉』。內外二爻之需一於敬矣。自陽呼陰曰寇，自陰稱陽曰客。上不言需者，時既終，無復有需矣。『或問：剛者能需，六四是柔，何以亦能需？曰：六四柔而得正者也。剛之能需，猶乾之健而知險。柔而得正者之能需，猶坤之順而知阻順之至，亦自有健在。故剛柔同歸於能需。』〔註145〕初之恒，二之衍，三之敬，四之順，五之貞，六之敬，此六者，所以需也。」〔註146〕反是六者則敗。

六四爻，項氏曰：「坎為血為穴。血者，坎之初，事之淺也。穴者，坎之終，事之終也。故四為血，上為穴者。卦體本以乾需坎，坎非需乾者也。四亦稱需者，能順而聽，是亦需也。三陽上進，六四居淺以俟之，故曰『需於血』。不入於深，故曰『出自穴』。諸儒不考《象辭》，而惑於『血』字，皆謂四為陽所傷而出。不思傷則必當相拒，非『順以聽也』。以六居四，豈有拒乾之理？既謂需，則不拒可知。《坤‧文言》亦但以血為陰類，不訓為傷也。」〔註147〕宜矣！

上六爻，項氏曰：「上六『入於穴』，反六四之出也；『不速客』，反六四之需也。兩爻皆以柔居柔，而相反如此者，上陰已終，無所用出；乾陽已至，無所用需。故入穴者非。上六也，不速之客也。不速者，非主人也，客自來也。六四之象曰『順以聽』，言陰能順陽，則陰猶主；上六曰『不當位』，言陽已居陰，則陽自為主也。其曰『敬之終吉』，為需道已成，以戒陽也。三將入險，險猶在外，則戒以『敬慎』，恐其敗事也。上已入險，處於險中，則戒以『敬

〔註142〕熊過《周易象旨決錄》卷一《需》。按：原出崔銑《讀易餘言》卷一《需》。
〔註143〕趙汝楳《周易輯聞》卷一下《需》：「四之出，辟陽而逃；上之入，畏陽而伏。」
〔註144〕非楊簡之說。出趙汝楳《周易輯聞》卷一下《需》：「《易》固為君子謀，未嘗不為小人謀。為小人而謀得所安，乃君子之福。」
〔註145〕蔡清《易經蒙引》卷二上《需》。《讀易紀聞》引之而不言。
〔註146〕張獻翼《讀易紀聞》卷一《需》。
〔註147〕項安世《周易玩辭》卷二《六四》。

之』，願其終吉也。聖人之為陽謀，其備如此。夫陽來居上而行事，要為不當其位，然而不當之失小，不敬之禍大。王允之誅董卓，五王之誅二張，皆已勝而忽不思所以終之也。幾年需之，一日敗之，可不惜哉！善需者勿以小失為嫌，而以大禍為憂。險雖已濟，猶不敢忽，必入其穴，終其事而後已，則可謂敬也已矣。」〔註148〕

訟 ䷅ 坎下乾上

程《傳》：「《序卦》：『飲食必有訟，故受之以《訟》。』人之所需者飲食，既有所須，爭訟所由起也，《訟》所以次《需》也。為卦乾上坎下。上剛下險，剛險相接，能無訟乎？又人內險阻而外剛強，所以訟也。」

蔡汝楠曰：「《訟》卦以惕中為戒，爻以不訟為美，不貴九五聽訟之才，而尚其中正之德，皆使民無訟之意。」〔註149〕吳因之曰：「《訟》卦六爻，聖人全不向訟裏邊判他曲直。只是訟便惱他，不訟便許他。統觀六爻之義，人只該如三之守舊居貞，不可有訟。若有欲訟之心，就該息了此念。如二之自處卑約，以免災患。萬一其訟既舉，則當隨發隨已，改過自新，如四之『復即命，渝，安貞』。而初之『不永所事』又不足言矣。諸爻中不曾有箇作事謀始之君子，若論後邊改過，則莫如九四之勇。四可謂能復。」

訟：有孚，窒惕，中吉，終凶。利見大人，不利涉大川。

《彖》曰：訟，上剛下險，險而健，訟。「訟，有孚，窒惕，中吉」，剛來而得中也。「終凶」，訟不可成也。「利見大人」，尚中正也。「不利涉大川」，入於淵也。

述曰：「訟，有孚，窒惕，中吉」，皆以坎中陽爻發義。坎中陽實，為「有孚」之象。〔註150〕一陽陷於二陰，為「有孚，窒」之象。坎為加憂，有惕屬恐懼之象。九二陽剛得中，不克訟，有「中吉」之象。謂「有孚而見窒，窒而後訟，訟而能惕，不敢過中則吉也」〔註151〕。乾體三陽在上，健而不已，有終極其訟之象，則凶矣。九五剛中居尊，為訟之主，有「利見大人」之象。〔註152〕

〔註148〕項安世《周易玩辭》卷二《上六 六四》。
〔註149〕蔡汝楠《說經箚記》卷一《易經箚記·訟卦》。(《四庫全書存目叢書》第149冊，第19頁)
〔註150〕程《傳》：「卦之陽實，為『有孚』之象。」
〔註151〕王安石之說，見李衡《周易義海撮要》卷一《訟》。
〔註152〕朱熹《周易本義》：「九五剛健中正，以居尊位，有『大人』之象。」

「以剛乘險，以實履陷，有『不利涉大川』之象。」〔註153〕

《紀聞》曰：「『《需》、《訟》皆以坎之中實為主，特《需》之坎在上，為光、為亨；《訟》之坎在下，為窒、為惕。窒惕者，光亨之反。』〔註154〕『訟者，爭之尤也。』〔註155〕中者，不偏於己，無過於爭也。『曲直未明，故窒；勝負未分，故惕。中吉，虞芮之相遜是也；終凶，雍之納賄而蔽罪邢侯是也。』〔註156〕『《訟》之吉者四，凶者一，利不利亦各一。曰吉曰利，非勸訟也，皆止訟也。』〔註157〕」〔註158〕

「《訟》上剛下險，以險遇健，不相下而有訟。在一人則內險外健，在二人則彼險此健，訟之所以為訟也。『訟：有孚，窒惕，中吉』者，坎剛來而得中也。」〔註159〕剛本上物，「自上而反下為來，柔自下而升上為往為進」〔註160〕。「終凶」者，訟不可成。訟至於成，所喪必多。「『利見大人』，尚中正也。『中正』，訟者之所求也。不遇大人則中正者禍，險詐者勝，亂之道也。」〔註161〕凡「終訟」者，皆冒險為之，為「入於淵，言其入險愈深，不可出也」〔註162〕。「剛一也，剛而在下則能興訟，剛而在上則能聽訟。剛而得中則憂惕而吉，剛不中正則剛愎而凶。當以理義自勝，不當以血氣勝人。君子內自訟焉，斯得之矣。」〔註163〕

「《書·呂刑》云：『咸庶中正』，則中正者，聽訟之道也。」〔註164〕「虞芮爭田之訟，必欲見文王；鼠牙雀角之誠偽，必欲見召伯。此為『利見大人』。」〔註165〕又「或不與之校，如直不疑；或為和解，如卓茂；或使其心化，如王

〔註153〕朱熹《周易本義》。
〔註154〕胡炳文《周易本義通釋》卷一《訟》。《讀易紀聞》引之而不言。
〔註155〕楊萬里《誠齋易傳》卷二《訟》。《讀易紀聞》引之而不言。
〔註156〕胡廣《周易大全》卷三《訟》，稱「潛齋胡氏曰」。《讀易紀聞》引之而不言。
〔註157〕楊萬里《誠齋易傳》卷二《訟》。《讀易紀聞》引之而不言。
〔註158〕張獻翼《讀易紀聞》卷一《訟》。
〔註159〕章潢《周易象義》卷一《訟》。
〔註160〕胡廣《周易大全》卷三《訟》，稱「建安丘氏曰」。
〔註161〕楊簡《楊氏易傳》卷四《訟》。
〔註162〕楊簡《楊氏易傳》卷四《訟》。
〔註163〕章潢《周易象義》卷一《訟》。
〔註164〕俞琰《周易集說》卷二十《文傳一》。《讀易紀聞》卷一《訟》引之而不言。
〔註165〕胡震《周易衍義》卷二《訟》。
　　　另，胡廣《周易大全》卷三《訟》：
　　　　　楊氏曰：「虞芮爭田之訟，必欲見文王，故其訟之理決；鼠牙雀角之誠偽，必欲見召伯，故其訟之理明。為聽訟之大人者，不尚中正，可乎？」
　　　　楊氏不詳，《讀易紀聞》卷一《訟》引之而不言。

烈；或為之辨明，如仲由。皆訟者之利也」〔註166〕。

汝吉曰：「訟，爭也。人有欲則有爭訟，小爭以言也。上剛齮齕，下險陰賊，內坎窘毒，外健抗格，訟也。坎體中實，是為『有孚』。孚而見窒，窒乃求伸，猶且不敢負恃，在險思戒，寧無惕乎？夫訟非獲己也，得中而止，無窮怨也，無多上人也，吉也。上剛，終之能無凶乎？大人無己，中以為平，正以為止，五是也。於以質成，終於無訟，必利見之矣。訟象大川，然以實履陷，乘險徼全，渠安能全，殆其入於淵哉！《彖》雜物撰德以為言，而訟吉凶之斷盡於此。」

《象》曰：天與水違行，訟。君子以作事謀始。

述曰：天一生水，其始本同一氣，一麗於形。天上行，水下潤。「天道西轉，水流東注，是天與水相違而行」〔註167〕也。孔《疏》：「相違而行，象人彼此兩相乖戾，故致訟也。不云『水與天違行』者，凡訟之所存，必剛健在先，以為訟始，故云「天與水違行」也。君子當防此訟源。凡欲興作其事，先須謀慮其始。」汝中云：卦象曰「中吉」，曰「終凶」，「能謀始以絕訟端，中與終不必言矣。」〔註168〕謀始莫要於自訟。

訟雖行違於終，實始謀之不慎。或以是非求勝，其界別於毫芒；或以利害相攘，其際開於微眇。如女子爭桑而吳楚連兵，羊斟爭羊而宋師敗績，可鑒也。謀之於始，自訟於心，不以片言起釁，不以纖芥嘵情，塞憤爭之源，杜好勝之竇，不為形區類別之見，而一反於始。如天水同氣，原不違悖，而訟端自息矣。此無訟之道也。

初六：不永所事，小有言，終吉。　《象》曰：「不永所事」，訟不可長也。雖「小有言」，其辯明也。

述曰：六以柔弱而訟於下，其義固不可長永也。永其事，難以吉矣。故於訟之初，即戒訟不可長也。既訟，不免「小有言」，終得吉也。凡訟皆自言語始，「小有言」為初象。其辯明也，故「終吉」。凡人不爭者辯易明。「謂之『所事』，則亦訟乎公庭矣。曰『不永』，猶未說到完結也。辯明而吉，方是事結。」〔註169〕

〔註166〕項安世《周易玩辭》卷二《彖》。

〔註167〕孔《疏》。

〔註168〕王畿《大象義述》。（吳震編校整理《王畿集》，鳳凰出版社2007年版，第655頁）

〔註169〕張獻翼《讀易紀聞》卷一《訟》。

「盧植曰：『初欲應四而二據之，暫爭事不至永。』〔註170〕蓋二為強求，初應在四，故不永事也。小謂初陰，初變則成兌，為口舌，雖「小有言」，其辯明矣。」〔註171〕

九二：不克訟，歸而逋。其邑人三百戶，無眚。　《象》曰：「不克訟，歸逋」，竄也。自下訟上，患至掇也。

述曰：九二險體，上下二陰皆有正應，二以其比己而爭之，故訟；四近君而剛上，居上而剛，九二乃恃其剛，欲爭有初而與四訟，欲爭有三而與上訟，是謂「以下訟上」，不勝宜也，故曰「不克訟」。而二得下體之中，遂能自戢。「歸而逋」，避隱伏其身，免於禍患，「其邑人三百戶，無眚」。不然，掇禍無救矣。「三百戶，下大夫制，猶『駢邑三百』〔註172〕云耳。『無眚』者，《周禮》：『憑弱犯寡則眚之。』『眚』，『四面削其地』〔註173〕也。惟九二歸逋以避咎，故『其邑三百戶無眚』，得免於削地之咎。」〔註174〕

《象旨》：「『坎為隱伏，故逋。坎為眚，坎變則坤，故無眚。』〔註175〕荀爽曰：『坤為邑。二者，邑中之陽人也。』稱『三百戶』，虞翻曰：『二變應五，乾為百，坤為戶。三爻，故三百戶。』坎為加憂，故象曰『患至掇也』。」〔註176〕

六三：食舊德，貞厲，終吉。或從王事，無成。　《象》曰：「食舊德」，從上吉也。

述曰：「三應於上，以柔從剛，非訟者也，故不訟。」〔註177〕王《註》：在訟之時，「體夫柔弱，以順於上，不為九二自下訟上」，是也。食所饗也，上

〔註170〕李鼎祚《周易集解》卷三《訟》。「暫」，《周易集解》作「蹔」。

〔註171〕熊過《周易象旨決錄》卷一《訟》。

〔註172〕《論語·憲問第十四》。

〔註173〕前引《周禮》鄭玄注，稱「《王霸記》曰」。

〔註174〕章潢《周易象義》卷一《訟》。另，熊過《周易象旨決錄》卷一《訟》亦言：「『三百戶』，下大夫制，猶『駢邑三百』云爾。……《周禮》：『憑弱犯寡則眚之』。『眚』，『四面削其地』也。」

〔註175〕按：此亦虞翻之說。

〔註176〕熊過《周易象旨決錄》卷一《訟》：
二變成坤，荀爽曰：「坤稱邑。二者，邑中之陽人也。」稱「三百戶」，虞翻曰：「二變應五，乾為百，坤為戶。三爻，故『三百戶』。」下大夫制，猶「駢邑三百」云爾。……故《象》曰「患至掇」。……患至而憂之，坎為加憂也。

〔註177〕楊簡《楊氏易傳》卷四《訟》。

所施予為德。汝吉曰：「飲食有訟，以求多〔註178〕也。三柔自克，爰食舊德，不僭不忒，無求贏餘，貞也。」

孔《疏》：「居爭訟之時，處兩剛之間，而皆近不相得〔註179〕，故須貞正自危。然柔體不爭，係應在上，眾莫能傾，故曰『終吉』也。」彭山曰：「『王事』，訟事也。以乾為君道，故曰『王事』。三當上乾之交，為地道、臣道之位。己則不訟，或者，出而從王之事，事不在己也，但以柔道順而從之，不主其成焉，亦以訟之不可成也。」〔註180〕六三以無爭處天下者也。「《坤》六三雖『無成』而『有終』，但不敢為倡而已；《訟》六三止云『無成』，則始終皆無矣。」〔註181〕

「《象》釋爻辭，只『從上』二字。下從上，柔從剛，所謂『食舊德』、『從王事』舉該之矣。諸爻象俱例此。」〔註182〕

初、三二爻皆以陰柔不終訟而吉，苟知柔而不訟者吉，則知剛而能訟者凶矣。

九四：不克訟，復即命，渝，安貞吉。　《象》曰：「復即命，渝，安貞」，不失也。

述曰：九四位不中正，而履三應初，初、三皆比二，而三又應上，四之所以不能無訟心也。「九四之命，當得初六而已，三非己有，豈可妄爭？以剛居柔，故『不克訟』。退而就初，自改而安於貞之象。正應者合，故曰『不失也』。」〔註183〕「《羔裘》詩云『舍命不渝』，《大雅》詩云『敬天之渝』，皆訓變。訟非善事，四捨其不善以復於善，蓋無訟而有訟心，亦非也。」〔註184〕人心惟危，何以遽能安貞？在乾健一惕間也。故前念之悔即為後念之貞，競心之忘即為道心之正，爭心於是乎絕矣。

仲虎曰：「《否》九四曰『有命』，指氣言；此曰『即命』，指理言。皆上乾，

〔註178〕「訟以求多」，四庫本小字注「闕」。
〔註179〕「而皆近不相得」，孔《疏》無。
〔註180〕季本《易學四同》卷一《訟》：
「王事」即訟也，以乾為君道，故曰「王事」。「或」者，不能遏上體陽剛之訟，但以柔道順而從之，亦不主其事，而至於成也。「無成」則代有終，終吉可知矣。進齋徐氏曰：「『王事』即訟事，無成即《象傳》之『訟不可成也』。」
〔註181〕項安世《周易玩辭》卷二《無成》。
〔註182〕章潢《周易象義》卷一《訟》。
〔註183〕熊過《周易象旨決錄》卷一《訟》。
〔註184〕張獻翼《讀易紀聞》卷一《訟》。

故皆曰『命』。四之『不克訟』與二不同，九二坎體，其心本險；九四乾體，其心能安乎天理之正。然曰『歸』曰『渝』，皆知反者。九二識時勢，能反而安其分之小；九四明義理，能變而安於命之正。」〔註185〕

敬仲曰：「九剛四柔，有始訟終退之象。人惟不安於命，故欲以人力爭訟。今不訟而即於命，變而安於貞，吉之道也。渝，變也。始訟，始不即命，不安正。雖為失道，今不克訟，復即命而安貞，則今不失也。」〔註186〕

九五：訟，元吉。 《象》曰：「訟，元吉」，以中正也。

述曰：處得尊位，為訟之主，建中表正，德威德明。凡所以平天下之情、消天下之爭者，出於以健制險之外，故大善而吉。王肅曰：「以中正之德，齊乖爭之俗，所以『訟，元吉』也。」〔註187〕

《訟》卦五爻皆不正，惟九五一爻既中且正，為可尚中，則我不終訟，正則人不克訟。相訟者或即中而求正，好訟者或見正而中止，此訟中之最善者，故曰「『訟，元吉』，以中正也」。爻與象皆稱訟，何與聽訟之事哉？五或為德之尊，或為位之尊，不必專指人君也。諸家為君位所惑，故謂君無訟理，遂以聽訟解之，殊不思君，豈聽訟者哉？〔註188〕

上九：或錫之鞶帶，終朝三褫之。 《象》曰：以訟受服，亦不足敬也。

述曰：上九剛健之極，恃高用剛，不勝不已，終訟者也，凶其固然。設使終訟而勝，尚爭之世，或有錫之以命服者。然以訟得之，其能安享之乎？不崇朝三褫之矣。〔註189〕是成亦毀也，得亦失也，何貴於終訟哉！

上九近九五之尊，六三又以柔應之，三體應上，二與四常欲有之，上終以訟而得之，終訟而勝，有錫鞶帶之象。諸理齋曰：「以訟受服，正使其受而不褫，亦不足敬也。不足敬，雖受猶不受也，況必褫乎！故楊惲告霍氏，息夫躬告東平，初以此而侯，卒以此而誅。」

初六爻，楊氏曰：「初六、九四，訟之敵也。然六之才弱而位下，才弱者

〔註185〕胡炳文《周易本義通釋》卷一《訟》。熊過《周易象旨決錄》卷一《訟》：「二與四皆『不克訟』，九二坎體，其心本險識時勢，能反而安其分之小；九四明義理，能變而安於命之正」，本《周易本義通釋》而不言。

〔註186〕楊簡《楊氏易傳》卷四《訟》。

〔註187〕李鼎祚《周易集解》卷三《訟》，無「所以訟」三字。

〔註188〕此一節見項安世《周易玩辭》卷二《九五》。

〔註189〕章潢《周易象義》卷一《訟》：「上九剛健極矣，且居訟終，恃高用剛，不勝不已。設或訟而勝焉，雖錫以鞶帶之榮，而終朝已三褫之矣。」

有憝忿而無遂心，故雖訟而不永位；下者敢於微懟而不敢於大訴，故雖有言而小。不永則易收，小言則易釋，所以『終吉』。然六之陰靜，非首訟也，九四以強躁而挑之，初六不得已而應之。兩訟有強弱，弱者多勝強；兩辭有應感，感者多不勝應。故初與四辯，而初得其明也。豈初之能必明哉？非聽之者明，則強者以後罷勝，感者以先入勝矣。要之，『不永所事』，初六不可不深戒也。虞芮之訟，一入周境，自媿而解，『不永所事』之效也。」〔註190〕

六三爻，項氏曰：「六三為上所訟，上，終訟之人也，不可與辯。三貞守舊德而不敢動，猶懼其見危也。或不幸而與爭王事，則明其事理而讓其成功，以存從上之禮，庶乎其可吉也。《象》曰『從上吉也』，此『從』字謂從上六，與『從王事』不同。初以訟為所事，則三之王事亦爭辯之事爾。」〔註191〕《訟》之六三介於二陽之間，「進不敢居其前，退不敢從其後，此其所以為貞屬也歟？」〔註192〕

項氏曰：「六三之『舊德』，坤也。坤之中爻，動而成坎。初六、六三皆舊文也。曰『貞』、曰『或從王事』，皆六三之舊辭。故聖人引之以實其義，所以發凡起例，使人知三百八十四爻皆乾、坤之舊也。」〔註193〕

六四爻，項氏曰：「《訟》爻皆以祿位為象，二有邑戶，三有食、有王事，上有錫帶，則四之命亦爵命也。」〔註194〕

上九爻，項氏曰：「上九以剛居柔，可以不克訟矣，而在訟之終，居高而用剛，不勝不已，此終訟之凶人也，亦不足敬。」〔註195〕《三褫》：「自三至上，所歷三爻，故為『三褫』。『褫』字，鄭康成本作『拖』，言三加之也。因《象》言『不足敬』，故人皆以『拖』為『褫』。今按：『不足敬』，謂終訟之凶人雖受服為可鄙〔註196〕，非見其褫服而後慢之也。」〔註197〕「六三與上爻辭皆有『或』字，三之『或從』，即與上從事也；上之『或錫』，即三錫之也。三本《坤》之六三，因二變而成訟，三守舊德，含章不變，自無訟理。或因王事，不得有爭，則亦務存謙順，不敢以成自居也。上本乾之亢龍，以剛終訟，於法

〔註190〕楊萬里《誠齋易傳》卷二《訟》。
〔註191〕項安世《周易玩辭》卷二《初六　六三》。
〔註192〕項安世《周易玩辭》卷二《無成》。
〔註193〕項安世《周易玩辭》卷二《舊德》。
〔註194〕項安世《周易玩辭》卷二《九四》。
〔註195〕項安世《周易玩辭》卷二《六爻》。
〔註196〕「謂終訟之凶人雖受服為可鄙」，《周易玩辭》作「謂其受服為可鄙」。
〔註197〕項安世《周易玩辭》卷二《三褫》。

當凶，自無勝理。以三從之，故有或來之錫。『或』者，言出於望外，三理勝而上受服也。」〔註198〕三、上相應者，三之從上曰或，上之錫帶曰或，居訟之時，未必之辭也。「『鞶帶』者，柔服之象。帶柔而在身之中，猶六三以柔在卦之中也。合二爻而觀之，則或字之義明矣。」〔註199〕

《象旨》：「『褫』作『拖』，如『拖紳』之『拖』。吳幼清以褫訓拽，蓋上剛之極，本以訟得，三不勝其矜而終朝三拖之，以誇於人也。《象》曰『受服』，程、朱二先生從荀、虞本曰『褫奪』，豈象義哉？」〔註200〕

師䷆坎下坤上

《序卦》：「訟必有眾起，故受之以師。」「師之興，由有爭也，所以次《訟》也。」〔註201〕卦坤上坎下，「內險外順，險道而以順行，師之義也」〔註202〕。卦惟九二一陽居下卦之中，眾陰順而從之，為將統師之象。六五以柔居上應下，九二剛中，為人君命將出師之象。故其卦之名曰師。〔註203〕

趙汝楳曰：「卦主九二，五陰之情皆繫焉。二為大將，四為全師之將，三為敗師之將，初為出師，上為班師賞功，五則命將之主。」〔註204〕

蔡汝枏曰：「師者，將道也。有丈人之貞，自有出師之律。故《彖》言貞不言律，爻言律不言貞。」〔註205〕

師：貞。丈人吉，无咎。

《彖》曰：師，眾也。貞，正也。能以眾正，可以王矣。剛中而應行，險而順，以此毒天下而民從之，吉又何咎矣！

述曰：汝吉曰：「『師，眾也』，禮：伍、兩、卒、旅具而成師。大爭以兵

〔註198〕項安世《周易玩辭》卷二《或從　或錫》。
〔註199〕項安世《周易玩辭》卷二《或從　或錫》。
〔註200〕熊過《周易象旨決錄》卷一《訟》。
〔註201〕程《傳》。
〔註202〕程《傳》。
〔註203〕朱熹《周易本義》：
　　　　又卦惟九二一陽居下卦之中，為將之象；上下五陰順而從之，為眾之象。九二以剛居下而用事，六五以柔居上而任之，為人君命將出師之象。故其卦之名曰師。
〔註204〕趙汝楳《周易輯聞》卷一下《師》。
〔註205〕蔡汝枏《說經劄記》卷一《易經劄記·師卦》。（《四庫全書存目叢書》第149冊，第19頁）

也，卦偶多為眾。」章氏曰：「師以貞為本，一陽在下，為眾陰所主，故為『師貞』。在下卦之中，有將帥之道，故象『丈人』。」〔註206〕孔《疏》：「為師之主，惟得嚴莊尊重之人監臨主領，乃吉也。」彭山曰：丈人剛德宅中，「有嚴有翼」〔註207〕，能靜能動，可以統群陰，專閫外之寄，故吉也。「兵本凶事，宜有咎者，故又以『无咎』言之。」〔註208〕王《註》：「興役動眾，無功罪也，故吉，乃无咎也。」

質卿曰：「古者聖人有刑罰之辟，又有征討之命，師之所由來矣。卦以坎遇坤。坎，險道也；坤，順道也。師之興，至險也，而亦至順也，故險與順合而名為師。師之道，在貞在丈人。貞，師之名也。將，師之主也。兵出無名，事固不成。君不擇將，以卒予敵。師誠貞矣，又得丈人以主之，斯吉，斯无咎。兩者用兵之大端也。」

卜子夏曰：「五，天位也，而以非陽居之，或有戰爭之事。二，剛陽也，而能正眾，可崇任之，佐其尊而臣也，丈人之謂。居中而應，行險而順，以殺戮毒其人而人從也，專其命令則吉復大矣，又何咎焉？」〔註209〕

徐進齋曰：「將不剛則無威嚴，不足以服眾，過剛則暴而無以懷之。有剛中之才而信任不專，亦不能有成功。師所以貴『剛中而應』也。兵，凶器。戰，危事。不得已而興師動眾，禁暴除亂。師所以貴『行險而順』也。」〔註210〕

蘇氏曰：「『丈人』，《詩》所謂『老成人』〔註211〕也。夫能以眾正有功而無後患者，其惟丈人乎！故曰『吉又何咎矣』。」〔註212〕

吳因之曰：「『貞』者，仁義之師。『丈人』者，仁義之將。『吉』者，無敵於天下。『无咎』者，雖屬冬殺，不失春生，海內元氣未嘗耗損。」

聖人喜生惡殺，說一「師」字，胷中先自戚然不樂了。但捍外安內，又有不得不用者。就這裡仍要討箇太和元氣，則有得正任老成而已。貞固是出師有名，然須是必不可以德懷，必不可以仁義化。天時已迫，人事已極，然後大旱

〔註206〕章潢《周易象義》卷一《師》。「師以貞為本」，《周易象義》作「夫興師動眾，以正為本」。
〔註207〕《詩經・小雅・六月》。
〔註208〕季本《易學四同》卷一《師》。
〔註209〕《子夏易傳》卷一《師》。
〔註210〕胡一桂《易本義附錄纂疏・周易象上傳第一・師》、董真卿《周易會通・周易經傳集程朱解附錄纂註卷三・師》、胡廣《周易大全》卷四《師》。
〔註211〕《詩經・大雅・蕩》。
〔註212〕蘇軾《東坡易傳》卷一《師》。

之後，時雨廼降。若兩階干羽，可格聖人也。不興師，丈人，不是小可說的。若說深謀長計，便只是一謀將；若但謹厚不生事也，只是一忠厚之將。《象傳》說「能以眾正，可以王。以此毒天下而民從之」，是能佐其君，服天下、成王業者。此等人如何當得王者？如天地之好生，其用兵出萬不得已。丈人是能體天地好生之心，體王者萬不得已而用兵之意，不尚勦戮而尚征誅，不尚威武而尚恩德，不尚智謀而尚信義，不計一時之功而計萬世之功，不使人力不贍而服，而使人中心悅而誠服。所過能使歸市者不止，耕者不變。報捷之日，能使百姓安堵如故。殲渠魁，宥脅從，封忠臣孝子之墓，恤孤兒寡婦之家，存問父老，表揚遺佚。如此之類，不可枚舉。

能以眾正，不是專靠號令嚴明。將之心即王者之心，故能使三軍之心即將之心，如前所解丈人者皆是。

《象》曰：地中有水，師。君子以容民畜眾。

述曰：坤為地，坎為水。地無不容，聚之即為水；民無不容，集之即為兵。此卦之取象也。夫水浩蕩無際而地善涵，水性潰決不測而地善滙，有容故也。君子厚德容民，宅爾宅，畎爾田，樹之長，立之宗，農政厚生，並與安宅，無不納也，無不保也，不出比閭族黨州鄉之民，而伍兩卒旅軍師畜焉。畜之無事之時，用之有事之日，此民即此眾也。於此知兵農合，地水自然之勢也。析兵農而二之，民之所出，費於兵者十九，民不聊生而兵於何畜乎？悖矣。

初六：師出以律，否臧凶。　《象》曰：「師出以律」，失律凶也。

述曰：「在師之初，故曰『師出』。」〔註213〕師以九二為主，大眾初動，大將在前，出有紀律，故為「師出以律」之象。《象旨》：「以初居六，陰柔不中，且在險陷之始，故為不臧之戒。『否臧』即失律。」〔註214〕敬仲曰：「師之常談，惟整者勝。」又云：「師克在和，此不易之論。」〔註215〕吳因之曰：「『師出以律』，所謂節制之師，只是能以眾正內一件。」

王《註》：「為師之始，齊師者也。齊眾以律，失律則散，故『師出以律』。律不可失，失律而臧，何異於否？失令有功，法所不赦，故師出不律，否臧皆凶。」李鼎祚曰：「初六以陰居陽，履失其位。位既匪正，雖令不從。以斯行

〔註213〕俞琰《周易集說》卷二《師》。熊過《周易象旨決錄》卷一《師》引之而不言。
〔註214〕熊過《周易象旨決錄》卷一《師》。
〔註215〕楊簡《楊氏易傳》卷四《師》：「兵家常談，唯整者勝，此斷斷不易之論，此易之道也。」

師，失律者也。」〔註216〕「以律不言吉，否臧則言凶者，律令謹嚴，出師之常，其勝負猶未可知，故不言吉；出而失律，凶立見矣。」〔註217〕

九二：在師中吉，无咎。王三錫命。　《象》曰：「在師中吉」，承天寵也。「王三錫命」，懷萬邦也。

述曰：九二一陽在下卦之中，為卦主，所謂「丈人」也。上與五應，得閫外之寄，以專節制師中，故為「在師中」之象。剛而得中，威和並至，乃可調輯戎行，以戡邦國而有成功，故「吉」而「无咎」。〔註218〕王《註》：「承上之寵，為師之主，任大役重，無功則凶，故『吉』乃『无咎』也。」「王三錫命」，或製詞，或車服，恩命之加至於三，所以推誠盡禮於將臣也。程《傳》：「六五在上，既專委任，復重其禮數。蓋禮不稱，則威不重」，而亦難以責成功。凡在師中，雖專制之自己，然因師之力而能致者，皆君所與也。

「『在師中吉』者，以其承天之寵也。『天』謂王也。人臣非君寵任之，則安得專征之權而有成功之吉？」〔註219〕「『王三錫命』，以其有功，能招懷萬邦也。」〔註220〕二以陽居柔，以王者戡亂安民為心，故功成不擾而洊被恩眷也。卜子夏曰：「『王』者天下為心，用兵非以怒也，平寇非善殺也。三『錫命』非私也，安萬邦而已矣。」〔註221〕

六三：師或輿尸，凶。　《象》曰：「師或輿尸」，大無功也。

述曰：「師承九二為將而行師者言。」〔註222〕程《傳》：「師旅之事，任當專一。二既以剛中之才為上信倚，必專其事，乃得成功。若或更使眾主之，凶之道也。以三在二之上，失位乘剛，故發此義。」汝吉曰：「師重制命。制命者將，將一而已。三附二裨將，象命於將者也。柔不中正，居剛好上，欲以其智尸之，豈有當哉？是『輿尸』也。『輿尸』，眾主也，是代帥制命也。無帥矣，

〔註216〕李鼎祚《周易集解》卷三《師》。
〔註217〕胡炳文《周易本義通釋》卷一《師》。張獻翼《讀易紀聞》卷一《師》引之而不言。
〔註218〕章潢《周易象義》卷一《師》：
　　　　九二一陽在下卦之中，為卦主也。陽剛上與五應，以大將之才，承天君分閫之命，得以專節制師中，故為「在師中」之象，即《象》所謂「丈人」也。且剛中能柔，得戡亂保邦之道，故「吉」而「无咎」。
〔註219〕程《傳》。
〔註220〕孔《疏》。
〔註221〕《子夏易傳》卷一《師》。
〔註222〕季本《易學四同》卷一《師》。

不止無功，而至於大無功也，甚為將將者戒也。」

六四：師左次，无咎。　《象》曰：「左次，无咎」，未失常也。

述曰：王《註》：「得位而無應，無應不可以行。得位則可以處，故『左次』之而『无咎』也。」《象旨》：「崔憬曰：『偏將軍居左。左次，常備師。』故左次以受二命。三以輿尸則凶，四左次，何咎哉？師以二為帥，二與四同功，四以陰居陰，蓋能順者。軍中聞將軍令，謂是矣。如謂次以避敵，師何利焉？其何以為无咎也？」〔註223〕

趙汝楳曰：「凡軍勇士居左右，主用也。左次之師，蓋屬於軍而別行者。四以柔居柔，非六三之比。左則不主於用，次則不敢專制，聽命於將而為進退，雖不即立功，猶得完師以待其會，故『无咎』。」〔註224〕

質卿曰：「兵事呼吸安危之際，最易於失常。一失其常，則顛倒錯亂，何能審強弱之勢而決進止之機。故『左次』之『无咎』，知『未失常也』。」

六五：田有禽，利執言，无咎。長子帥師，弟子輿尸，貞凶。　《象》曰：「長子帥師」，以中行也。「弟子輿尸」，使不當也。

述曰：程《傳》：「五，君位，用師之主也，故言興師任將之道。」丘仲深曰：「賊盜興於民間，戎狄侵於境內，此『田有禽』也，故『利執言』。」〔註225〕「聲罪致討，兵出有名，故『无咎』。」〔註226〕《象旨》：「五柔中，不為兵端之象也。擇將授師，當以長子。『帥』謂二也，五應剛中之象。『弟子』謂三，五柔居尊，不足於斷，故有『輿尸，貞凶』之戒。五居坤土之中。坎，豕，為禽。二互體，震為長子。三體坎，坎，震之弟。虞言是也。」〔註227〕「田有禽，利執言」，師之貞也。〔註228〕貞矣，能擇將，又能任將，方可成功。

《象》曰「以中行也」，言使之而當，推轂授鉞，乃由中道而行也。「『弟

〔註223〕熊過《周易象旨決錄》卷一《師》。

〔註224〕趙汝楳《周易輯聞》卷一下《師》。

〔註225〕丘濬（字仲深）《大學衍義補》卷一百五十六《劫誘窮黷之失》，上海書店出版社2012年版，第531頁。

〔註226〕章潢《周易象義》卷一《師》。

〔註227〕熊過《周易象旨決錄》卷一《師》：
　　　　二乾爻，為田。坎，豕，為禽。……五柔中，不為兵端之象。虞翻曰：「長子謂二。震為長子，在師中，故曰『帥師』。弟子謂三。三體坎。坎，震之弟」，是也。五應剛中之象。

〔註228〕蔡清《易經蒙引》卷二中《師》：「『田有禽，利執言』，是師貞意。」張獻翼《讀易紀聞》卷一《師》引《易經蒙引》而不言。

子輿尸」，乃假設之詞，與「家人嗃嗃」繼以「婦子嘻嘻」同。『長子即「丈人。《彖》言師必用老成，則既貞又吉；爻言用老成而或以新進參之，雖貞亦凶。』」〔註229〕一『使』字，繫民命之死生、國家之安危。」〔註230〕

上六：大君有命，開國承家，小人勿用。　《象》曰：「大君有命」，以正功也。「小人勿用」，必亂邦也。

述曰：「師之終，論功行賞之時也。」〔註231〕「大君有命」，以正功言，賞必當功，不可差失也。帥師長子，以定亂安民為功，所以能開國承家。「自其所受之封而言曰國，自其所造之基而言曰家。」〔註232〕「開國」者，拓其疆土也；「承家」者，世其德業也。「坤為地為方，有『國』象。上變體艮，為門闕，有『家』象。《損》艮變為坤，故稱『無家』。《師》坤變為艮，故稱『承家』。」〔註233〕「大君有命」，以正功而言。「小人勿用」，以明行師擇帥必謹始也。一陽在下，多陰象小人，故示戒用小人。倖而成功，則難於不賞。使之開國承家，則必亂邦，豈聖人者國子民之道？

「小人勿用」，非至此始不用也。〔註234〕師中之吉，必於長子，不使弟子得尸之，蓋已慎於始矣。聖人之師，其始不參以小人，故其終可以正功。□〔註235〕氏曰：「師以眾正，其成功也以正；師出以律，其成功也以律。皆師貞之丈人。小人於時，安得有功？」

《紀聞》曰：「『初六出師而嚴其律，九二帥師而得其人，戒六三之輿尸而一其令，審六四之左次而重其進，去天下之害而不自為害，奉天之辭而不自為辭，此皆六五之君得興師之道，操任將之法。至上六，而功成治定，師之道終焉。然寵命有功，非至正不為功；登用人才，非君子不為才。致其優於甚喜之後，各其用於博用之初，然後功成而無後患。』」〔註236〕『六爻出師駐師，將兵將將，與奉辭伐罪，旋師班賞，無所不載。雖後世兵書之繁，不如《師》卦

〔註229〕胡炳文《周易本義通釋》卷一《師》。張獻翼《讀易紀聞》引之而不言。

〔註230〕張獻翼《讀易紀聞》卷一《師》。

〔註231〕季本《易學四同》卷一《師》。按：朱熹《周易本義》：「師之終，順之極，論功行賞之時也。」

〔註232〕季本《易學四同》卷一《師》。

〔註233〕熊過《周易象旨決錄》卷一《師》。

〔註234〕章潢《周易象義》卷一《師》：「而小人懼其亂邦則勿用也，非至此始不用也。」

〔註235〕「□」，底本為空格，四庫本小字注「闕」。

〔註236〕楊萬里《誠齋易傳》卷三《師》。張獻翼《讀易紀聞》引之而不言。

六爻之略。」〔註237〕『初，師之始，故曰師出以律；上，師之終，故曰開國承家。師之次序然也。四之无咎不如二之吉，三之凶又不如四之无咎。』〔註238〕自卦辭至三、四无咎，皆恐懼重民之意。」〔註239〕

初六爻，《象旨》：「按《九家易》：『坎為律。』在師之初，故曰『師出以律』。師，主人和。失律則不和矣。《周禮》：『太師執同律以聽軍聲。宮則軍和，士卒同心；商則戰勝，士卒強；角則軍擾多變，失士心；徵則將急數怒，軍士勞羽，則兵弱少威明。』坎方黃鐘之本，故云然也。若必謂紀律云者，抑末矣。」〔註240〕

九〔註241〕二爻，項氏曰：「『在師中』者，明其為將也。『吉』者，戰勝也。『无咎』者，民之無怨。『王三錫命』，君寵之也。爻辭本是三事，《小象》特交錯其文，使互相解釋，以暢未盡之意。言『在師中』，言以其承天之寵，是以『錫命』，解在師之吉也。『吉，王三錫命』，以其能『懷萬邦』，是以『无咎』，解錫命之蕃也。是明二所以勝，非己之功，以與五相應，得君寵也；五之錫二，非喜其能勝，以二用中德，眾陰從之，賞其能懷吾民也。將而知此，則無恃功之心；君而知此，則不賞殘民之將。聖人著此，以為後世君臣之法。師自五之二，歷三位，故為『三錫』。猶《比》自二至五為『三驅』也。二卦反對，故各以主爻言之。」〔註242〕「九二象辭蓋與《彖辭》互相發明。《彖》之『剛中而應』，即爻之『在師中，吉，承天寵也』；《彖》之『行險而順，毒天下而民從之』，即《象》之『懷萬邦也』。九二為將，上得君心，下得民心如此，古之人惟伊、呂足以當之。湯必求元聖，武王必得仁人，庶知此義矣。」〔註243〕

六三爻，項氏曰：「令出於一其師堅，令出於二其師瑕。六三以柔懦之資，而居九二賢將之上，才腐而士不服，令褻而下不承，則是眾為將也，不惟令出於二而已。主之者眾，動有所制，尚何功之有？」〔註244〕「『或』者，疑辭。

〔註237〕馮椅《厚齋易學》卷八《師》，稱「李子思曰」。張獻翼《讀易紀聞》引之而不言。

〔註238〕胡廣《周易大全》卷四《師》，稱「建安丘氏曰」。張獻翼《讀易紀聞》引之而不言。

〔註239〕張獻翼《讀易紀聞》卷一《師》。

〔註240〕熊過《周易象旨決錄》卷一《師》。

〔註241〕「九」，底本作「六」，誤，據四庫本改。

〔註242〕項安世《周易玩辭》卷二《九二》。

〔註243〕項安世《周易玩辭》卷二《彖辭》。

〔註244〕楊萬里《誠齋易傳》卷三《師》。

六三體坎，加憂，故多疑言，用人不一也。」〔註245〕

比䷇坤下坎上

《紀聞》曰：「『一陽之卦得位者，《師》、《比》而已，得君位者為《比》，得臣位者為《師》。』〔註246〕《比》所以次《師》者，言眾雖聽命於將帥，而心當親輔於君也。」〔註247〕

趙汝楳曰：「凡卦六爻貴於正應，其近而相得，亦有不應者惟《比》，不論應否，而專以比五為義。」〔註248〕

徐之祥曰：「《彖》言五陰比一陽，《象》言一陽比五陰，以互相發比之義盡矣。」〔註249〕

比：吉。原筮，元永貞，无咎。不寧方來，後夫凶。

《彖》曰：比，吉也。比，輔也，下順從也。「原筮，元永貞，无咎」，以剛中也。「不寧方來」，上下應也。「後夫凶」，其道窮也。

述曰：卦惟陽，貴以一陽為眾陰所親輔，故曰比。〔註250〕比即吉也。質卿曰：「萬物相附則生，生民無主則亂。民之不能不比於君，臣之不能不比於主，理也，亦勢也。故比即吉。比之所以為比，全在九五一爻。初筮得坤，純陰，民象也；再筮得坎，一陽在中，位乎天德，體元居貞，同天不息，於以長人，於以作君，當天下之歸而无咎也。『不寧方來』，後夫且凶，民之比之，豈有外哉？自非然者，君位惟艱，民心易離，而比之難矣，故再筮乃得之也。五位天德，而在坎中，至險莫如君位也。『不寧』者，坎險為勞卦。『後夫凶』亦坎險之義。此卦五陰一陽，有五家為比之象。」

《象旨》：「比之初筮，下卦得坤；再筮，上卦得坎。坎陽在內剛中，為成卦之主，所謂『元永貞』者，故『无咎』。厚齋馮氏曰：『《萃》、《比》下同體坤，《萃》四有分權勢，故『元永貞』於五言；《比》下無分權者，故『元永貞』

〔註245〕熊過《周易象旨決錄》卷一《師》。
〔註246〕（宋）郭雍《郭氏傳家易說》卷一《比》，楊萬里《誠齋易傳》卷三《比》引之。《讀易紀聞》引之而不言。
〔註247〕張獻翼《讀易紀聞》卷一《比》。
〔註248〕董真卿《周易會通·周易經傳集程朱解附錄纂註卷三·比》、胡廣《周易大全》卷四《比》，稱「趙氏曰」。趙汝楳《周易輯聞》未見此語。
〔註249〕胡廣《周易大全》卷四《比》。張獻翼《讀易紀聞》卷一《比》引之而不言。
〔註250〕章潢《周易象義》卷一《比》：「卦取一陽為眾陰所親輔，故為比。」

於《彖》言也。」〔註251〕王應麟曰〔註252〕：『《蒙》之剛中，陽在下卦，初筮得之也；《比》之剛中，陽在上卦，再筮乃得之也。故《蒙》曰初筮而《比》曰原筮。』」「原者，依原如初之意。原筮，言必如初之勤而常自觀察也。」〔註253〕「《蒙》之筮問，之人者也，不一則不專；《比》之筮問，其在我者也，不再則不審。」〔註254〕

孔《疏》：「比所以得吉，由此〔註255〕者人來相輔助也。謂眾陰順從九五也。」敬仲曰：「人相比輔，何為乎不吉？下情順從，何為乎不吉？」〔註256〕「原筮，元永貞，无咎，以剛中也」，九五剛健中正，天德也，所謂「元」也，「永貞」則此德之常存而不息耳。純天之德，便是體仁，長人之君所以能比天下，如成湯、子惠困窮元也，而猶慄慄危懼永貞也，所以有來蘇之望、徯後之歸。

吳因之曰：「剛是性體，堅剛強毅。陽主生，陰主殺，陰多躁動而無操，剛多沉毅而有守。陰柔者所向常在私邪一邊，陽剛者所向常在公正一邊。中是養得十分純粹，人只是一箇養得不能純，便千病百痛，並見雜出；殘忍、間斷、私邪，一時都有。纔養得純，一了百當，自無三者之雜。蓋『元永貞』總是天理條件，殘忍、間斷、私邪總是人慾之條件。中者，天理之極致也，其為『元永貞』無疑。」

干寶曰：「天下歸德，不惟一方，故曰『不寧方來』。」〔註257〕「『來』者，五為卦主，故內辭。」〔註258〕下指下四陰，上指五。四陰比五，五比其眾，乃「上下應也」。〔註259〕上六為後夫，不得言應矣。「『後夫』，上六後於九五之象也。」〔註260〕敬仲曰：「有『元永貞』之德，則不寧者皆以方來。其獨後而不服者，凶矣。神之所共，惡彼有道，而我不服之，是違道也。眾咸服乎彼，而我獨不服，是違眾也。違眾反道，是謂之『道窮』。」〔註261〕

〔註251〕馮椅《厚齋易學》卷八《易輯傳第四·比》。
〔註252〕不詳。
〔註253〕張獻翼《讀易紀聞》卷一《比》。
〔註254〕胡炳文《周易本義通釋》卷一《比》。
〔註255〕「此」，孔《疏》作「比」。
〔註256〕楊簡《楊氏易傳》卷五《比》。
〔註257〕李鼎祚《周易集解》卷三《比》。
〔註258〕熊過《周易象旨決錄》卷一《比》。
〔註259〕程《傳》：「在卦言之，上下群陰比於五，五比其眾，乃上下應也。」
〔註260〕熊過《周易象旨決錄》卷一《比》。
〔註261〕楊簡《楊氏易傳》卷五《比》。

吳因之曰：「來者自來，後者自後，吾惟問我之可比不可比。彼之來比不來比，吾不問也。此固王者大公之道，而為九五之『顯比』者也。」

後夫雖自取凶，然聖人豈漠然置之度外？元永貞之德，當必因此又檢點一番。但畢竟自省無愧，當正法耳。

《紀聞》曰：「上親下則下有歸，下親上則上有與。有歸則不離，有與則不孤。商以離心亡，周以同心昌，故曰比吉。太公避紂，以待文王，曰：『吾聞其善養老。』馬援捨隴而歸漢，曰：『當今非特君擇臣，臣亦擇君。』故曰『原筮，元永貞，无咎』。酈生說田橫，以『天下後服者先亡』〔註262〕，故曰『後夫凶』。」〔註263〕

《象》曰：地上有水，比。先王以建萬國，親諸侯。

述曰：物之相比，莫過地與水。何晏云：「水性潤下，今在地上，更相浸潤，此比之義也。」〔註264〕《象旨》：「制民五家為比，建萬國之原也。」〔註265〕理齋曰：「先王封建之國有百里、七十里、五十里、不能五十里之殊，相制相繼，以相聯屬。建國愈眾，民愈不疏遠矣。親侯者，所以親民也。巡狩述職，上下相親，如水地相比而無間然也。」王《註》：「萬國以比建，諸侯以比親。」

吳因之曰：「建國親侯，所以比於天下而無間諸侯。體吾之意，各為盡心於所屬之國，其意專，其情一。凡補耕、助斂、救死、扶傷、弔災、問苦，當纖悉委曲，無所不至，而吾德意之流貫於天下，真如循手至足，呼吸皆應，不隔形骸。視水比地，何異之有？建侯矣，而無以親之，則吾與諸侯先自間隔，如吳越人漠然其不相親，彼又安能曲體吾意，而悉心盡意以深入於天下？」

「元永貞」，所以比天下之大本；「建萬國，親諸侯」，所以比天下之大權；「顯比」無私，所以比天下之大道。

質卿曰：「地中有水，水藏乎地中而不可見也。地上有水，水行乎地上而有可覩也。聖人法地中之水，藏天下於天下，得容民畜眾之道焉；聖人法地上之水，以天下治天下，得建國親侯之道焉。」

〔註262〕《史記·酈生陸賈列傳第三十七》。
〔註263〕張獻翼《讀易紀聞》卷一《比》。按：原出楊萬里《誠齋易傳》卷三《比》，《讀易紀聞》引之而不言
〔註264〕李鼎祚《周易集解》卷三《比》。
〔註265〕熊過《周易象旨決錄》卷一《比》。

初六：有孚比之，无咎。有孚盈缶，終來有他，吉。　《象》曰：比之初六，『有他，吉』也。

述曰：王《註》：「處比之始，為比之首者也。夫以不信為比之首，則禍莫大焉，故必『有孚比之』，乃得免於比之咎。處比之首，應不在一，心無私繫。著信立誠，盈溢乎質素之器，則物皆歸向〔註266〕。應者豈一道而來？故必『有他吉也』。」

吳因之曰：「『終來有他，吉』，只是論有孚感動君之常理如此。『他』字正從『有孚』生來。『有孚』者，自真誠體國之外，更分一念不得繞是。謂『盈缶』，在初雖無他心，在理必有他吉也。」

相比之道，惟初為得。「比之初六，有他吉也」，惟比之初有之，失初則否。「象辭二『有孚』皆略之不舉，所重在初。」〔註267〕惟能有孚，本原好，根基定，則能至「盈缶」而「有他吉」。

《象旨》：「初『有孚比之』，比二也，以陰比陰，宜若有咎。在比暱之世，與卦主遠，近與二比，而二則有孚於五者也。故初六比之為无咎。然不獨无咎而已。九五之孚既盈於六二之缶，必且自二而及初矣。初與五本非正應而得其吉，故曰『有他吉』。坎卦五為有孚，坎之所以為水者。」〔註268〕「『盈缶』，猶言貫盈。在五比二，因可通五也。虞翻曰：『坤器為缶。坎水流坤，坤初動成屯，屯者盈也，故盈缶。』〔註269〕江夏劉績〔註270〕指初，比四相信，四牽初比五，言似而非。比以暱近為義，四則稱應，不為比也。」〔註271〕

六二：比之自內，貞吉。　《象》曰：「比之自內」，不自失也。

述曰：「內」，內卦也。六二居內處中，上應九五，當陽之主，雖雜處群陰之間，而柔順正位，克配陽德，陰陽正合，自有聲應氣求之理，故曰「比之自

〔註266〕「歸向」，王《註》作「終來」。
〔註267〕章潢《周易象義》卷一《比》。
〔註268〕項安世《周易玩辭》卷二《初六》：
　　　初六「有孚比之，无咎」，此言初當比四也。以陰比陰，雖若有咎。然四則有孚於五者也，上後於五，故六三比之為「匪人」；四孚於五，故初六比之為「无咎」。然不獨无咎而已，九五之孚既盈於六四之缶，必且自四而來及初矣。初與五本非正應而得其吉，故曰「有他吉」。坎卦五為有孚，四為用缶，坎水盈則下流，故初六取以為象。
〔註269〕李鼎祚《周易集解》卷三《比》。
〔註270〕朱彝尊《經義考》卷五十一著錄劉績《周易正訓》。並引《湖廣通志》：「績字懋功，江夏人，弘治庚戌進士。」
〔註271〕熊過《周易象旨決錄》卷一《比》。

內」，得親比之正道，曰「貞吉」。

卦惟五陽當尊，有「元永貞」之王，自有六二正應之輔。二在內卦之中，為貞靜之體，其正應不求而合，不介而親，如伊尹以道要湯然，故曰「不自失也」。

《紀聞》曰：「『比之自內』，如舜因堯之求，而起自歷山以相堯；伊尹因湯之聘，而起自莘野以相湯；傅說因高宗之求，而起自巖穴以相高宗。其身不出，待聘者也。外則其身出，而杖策來從也。」〔註272〕

六三：比之匪人。　《象》曰：「比之匪人」，不亦傷乎？

述曰：《比》二、四皆陰，而內比、外比皆吉，以其承陽應陽故也。三亦陰柔，不中不正，即為『比之匪人』之象。夫陽明剛正者比於陰而能自拔，與陰應而能相濟，六三近則昵而已矣。然則匪人之傷，得非三之所自為乎？王《註》：「四自外比，二為五應，近不相得，遠則無應，所與比者，皆非己親，故曰『比之匪人』。」

六四：外比之，貞吉。　《象》曰：外比於賢，以從上也。

述曰：六四以陰居陰，履得其位，不內應初，而外比九五，故曰「外比之，貞吉」。卦惟一陽，剛而中正，下伏群陰，稱「賢」焉。六四舍其私黨，外比於賢，以柔而比剛，以不中而比中，得比道矣。而五又居四之上，故曰「以從上也」。「夫六四舍內比外，與六二自內不求於外，皆曰「貞吉」，兩爻以柔居柔，皆懼其不能固。正己而不求於人，與割所愛而從賢，斯二者非有貞固之德皆不足以守之，故得正而吉。」〔註273〕

九五：顯比。王用三驅，失前禽。邑人不誡，吉。　《象》曰：「顯比」之「吉」，位正中也。舍逆取順，「失前禽」也。「邑人不誡」，上使中也。

述曰：陽剛中正，凡卦九在五位皆然，而莫盛於《比》。當比之世，眾陰皆伏，九獨居尊，上下無陽，以分其民，聖作物覩之象也。陽明為「顯比」。「王中心無為」〔註274〕，顯然以「元永貞」之德親比天下，如太陽中天，普物照臨，而來者、後者皆無容心也。〔註275〕其象為王者之田，所用者三驅，

〔註272〕張獻翼《讀易紀聞》卷一《比》。
〔註273〕項安世《周易玩辭》卷二《六二貞吉六四貞吉》。
〔註274〕《禮記·禮運第九》。
〔註275〕朱長文《易經解·比》：「陽明為『顯比』。顯然以『元永貞』之德比天下，來者後者皆無容心也。」

所失者前禽，而邑人亦不誡，吉可知矣。「三驅」者，立四表而三作，三坐王者之田之法也。以法從事而不必於得，王者之田之心也。〔註276〕「邑人不誡」，眾著於好生之仁也。「使邑人不喻上意，有惟恐失之之心，則禽無遺類，其仁不廣矣，未可以吉言也。」〔註277〕惟不盡物而聽其去，故為王者之畋；不誡人而人自知，故為王者之比。〔註278〕《象旨》：「『前禽』，初也。五雖周而不比，然初本不與五接，顯比之主亦不以為心也。虞翻曰：『驅下三陰，不及於初，故失前禽』，是也。坤為『邑人』。『誡』，期約也。『舍逆』，謂驅逆在表外者，即初也。諸家〔註279〕以前禽即為後夫，而指上六。上在五後，對五故可言後。自五而可言前禽乎？」〔註280〕

程《傳》：「『顯比』所以『吉』者，以其所居之位得正中也。處正中之地，乃由正中之道也。比以不偏為善，故云『正中』。凡言正中者，其處正得中也。『舍逆取順』，以向背而言，謂去者為逆，來者為順。故所失者，前去之禽也，言來者撫之，去者不追也。」「使中」，誰使之？「由上之德，使不偏也。」〔註281〕蔡汝楠曰：「邑者，天子之私邑，近君而多怙者也。不誡而知失前禽，上有以使之矣。程子所謂『天則不言而信』〔註282〕者也。」〔註283〕

上六：比之無首，凶。　《象》曰：「比之無首」，無所終也。

述曰：比之初六，比之有首者也，故終來「有他吉」。上六陰柔，居五之後，不能率先以比五者也，故有「無首」之象，即所謂「後夫凶」也。卜子夏曰：「無誡於附，道窮而比，戮斯及矣，何終哉？」凡比之道，有始則有終，

〔註276〕邵寶《簡端錄》卷一《易》。張獻翼《讀易紀聞》卷一《比》引之而不言。

〔註277〕胡炳文《周易本義通釋》卷一《比》。張獻翼《讀易紀聞》卷一《比》引「三驅者，立四表而三作，三坐王者之田之法也。周官詳矣。以法從事而不必於得」，而不注明。

〔註278〕楊萬里《誠齋易傳》卷三《比》：「夫惟不取禽而禽自至，故為天子之畋；不誡人而人自親，故為王者之比。」張獻翼《讀易紀聞》卷一《比》引之而不言。

〔註279〕如趙汝楳《周易輯聞》卷一下《比》：

《象》以上六為後夫，爻以上六為前禽者，蓋五陰前進而上六越居九五之前，自五視上為前禽，自上視五為後夫。

俞琰《周易集說》卷二《比》：「前禽即後夫眾。」

〔註280〕熊過《周易象旨決錄》卷一《比》。

〔註281〕朱熹《周易本義》。

〔註282〕原出《史記》卷二十四《樂書第二》。

〔註283〕蔡汝楠《說經劄記》卷一《易經劄記・比卦》。（《四庫全書存目叢書》第149冊，第19頁）

無始則無終。《象旨》：「比卦五陰，下四陰皆順從一陽，惟上居卦外而不內向。上體不完，猶人『無首』之象，凶也。」〔註284〕

小畜☰乾下巽上

仲虎曰：「自《乾》而下，《屯》、《蒙》、《需》、《訟》、《師》、《比》皆三男陽卦用事，至此方見巽之一陰用事，而以小畜名，尊陽也。」〔註285〕

小畜：亨。密雲不雨，自我西郊。

《彖》曰：小畜，柔得位而上下應之，曰小畜。健而巽，剛中而志行，乃亨。「密雲不雨」，尚往也。「自我西郊」，施未行也。

述曰：內卦乾，乾力健。巽之一陰為卦主，其力本柔，以柔畜剛，畜之者小也。陰本小，故名為小畜。所畜者小而陽自亨。其象「密雲不雨，自我西郊」，乾為天，巽陰上乎乾，故象「密雲」；陽多陰少，其畜不固，故象「不雨」。〔註286〕

項氏曰：「畜陽者四，畜之主也。」〔註287〕「四本象風，以其互兌而在天上，故謂之『雲』。兌正西，故為『西郊』。至西而遇巽風，故為『不雨』。主四言之，故為『自我』。」〔註288〕

汝吉曰：「畜，蘊也，止也。上經主乾卦，貞乾乾大德而主陰名小畜，何也？卦陽畫五，而六四一陰，一者貴也。柔得時得位，於外主畜，上下之陽胥應焉，為所畜也。卦名小畜而陽猶亨，蓋乾健也，健體必上升者，非巽所能畜也。四雖成卦之主，而九五剛中用事於上，下援同德，上升之志得行，陽之所以亨也。其象『密雲不雨，自我西郊』，『密雲』者，方畜之勢也。畜不能固，陽之氣猶尚往，而陰之施未得行。小畜之不能大有為，猶西郊之雲不能成雨也。」彭山曰：「『西郊』，陰方，但取陰義，非謂陽倡則陰和而成雨，陰倡則陽不和而不成雨也。雲蓋有西方興而雨者。」〔註289〕此文王自謂，可以意會。

〔註284〕熊過《周易象旨決錄》卷一《比》。
　　　　按：吳澄《易纂言》卷一《比》：「蓋比卦五陰，下四陰皆順從一陽，唯上六一陰在一陽之外，非向化者，故有此象。」
〔註285〕胡炳文《周易本義通釋》卷一《小畜》。
〔註286〕章潢《周易象義》卷一《小畜》：「乾為天，巽陰上乎乾，而六四以陰居陰，故象『密雲』。陽多陰少，陰陽不和，故象『不雨』。」
〔註287〕程《傳》。
〔註288〕項安世《周易玩辭》卷二《風雨雲月》。
〔註289〕季本《易學四同》卷一《小畜》。

朱子曰：「『小畜：亨』，是說陽緣陰，畜他不住，故陽得自亨。橫渠言『《易》為君子謀，不為小人謀』。凡言亨，皆是說陽。『亨』字便是下面『剛中而志行，乃亨』。」〔註290〕

陸伯載〔註291〕曰：「小畜何以言亨也？《小畜》之卦，以陰畜陽。陽之處己，固自有道也。『健而巽，剛中而志行』，未嘗為之隙穡也，故『亨』。『密雲不雨，自我西郊』，陽氣『尚往』，施豈能行？小畜象也。施與畜正相反。」

張中溪曰：「《彖》既言『志行』，而又言『施未行』，何哉？蓋『志行』者指二、五兩陽而言，謂陽以得行為亨也；『施未行』者主六四一陰而言，謂其未能畜陽而成雨也。」〔註292〕

王《註》：「『小畜，柔得位而上下應之』，謂六四也，成卦之義在此爻也。體無二陰以分其權〔註293〕，故上下應之也。既得其位，而上下應之，三不能陵小畜之義也。小畜之勢，足為『密雲』，乃『自我西郊』，未足為雨也。何由知未能為雨？未能為雨者，陽上薄陰，陰能固之，然後蒸而為雨。今不能制初九之『複道』，固九二之『牽復』，九三更以不能復為劣也。下方尚往，施豈得行？故密雲而不能為雨，『尚往』故也。」

吳因之曰：「『密雲不雨』二句是從亨上看出，言君子猶可以得亨，則是陰之畜未極而施未行。若其畜已極，其施既行，君子方懼，何亨之有？此卦辭其辭則幸之之辭，其意則全是危之之意。畜極而成，勢有必至，特目下未耳。」

畜之淺處，如《否》，如《小過》；畜之深處，如《剝》，如《明夷》。若更進一步，則《坤》之「龍戰」是也。

〔註290〕黎靖德《朱子語類》卷七十《易六》。
〔註291〕（明）王世貞《弇州山人四部續稿》卷一百四十九《文部像贊》：
　　　　光祿寺丞陸弘齋先生鰲，字伯載，崑山人也。長身玉立，疎眉美鬚。與人談說，和藹藹然，而中實耿介。舉進士。嘗從王文成公遊，稍推魏恭簡公。於經義多所著述，欲自立門戶，不名一家師。授刑部主事，遷光祿寺丞，以疾請告，得致仕歸，臺省使者尉薦無虛歲。而其子不肖，有穢言，怒而杖煞之，為怨家所中，奪職，坐是不振。然先生雅食貧，寄跡一書院，環堵蕭然，不蔽風雨，澹如也。客載酒過先生輒醉，醉則陶然，若不知有身世者，而閒一觴之五嶽方寸。識者窺其微，不能忘世云。以例復故官，仍致仕，卒年七十八。
　　　　贊曰：居官而畜引恬，居家而晚食貧，為學而不務立名，以是終其身。不知者疑其傷慈，而知者以為亡愧於大倫。
〔註292〕胡廣《周易大全》卷四《小畜》。
〔註293〕「權」，王《註》作「應」。

仲虎曰：「『《小過》六五爻辭與《小畜・彖辭》同。文王之意，謂一陰畜乎五陽，陰有所不及，不能成雨也；周公之意，謂四陰過乎二陽，陽有所不及，亦不能成雨也。』〔註294〕陰不及，不許小者之畜；陽不及，不許小者之過。《易》固為尊陽作也。《本義》以為文王之事，何也？下畜上，小畜大，正為文王與紂之事。但能用柔巽之道以止畜其惡，然不能大有所為。文王觀象而適有會於心，故以其所遭者而言之」〔註295〕。

《象》曰：風行天上，小畜。君子以懿文德。

述曰：《九家易》曰：「風者，天之命令也。今『行天上』，則是令未下行。畜而未下，小畜之義也。」〔註296〕「君子以懿文德」，「文德」，命令之本也。不內懿德而文其言，末矣。《詩》〔註297〕曰：「辭之輯矣」、「辭之懌矣」，非內有章美之畜，而能出之乎？陰陽相錯，而後文生焉。德文之根柢於中者，以乾之體合巽之柔，炳然文德，條理中通，極其粹美，故謂之懿也。汝吉曰：「巽象命令，首見經，故原本於德焉。『風行天上』隸上經，象內『懿文德』；『天下有風』隸下經，象『命誥四方』。重巽隨風，象『申命行事』。」

初九：復自道，何其咎，吉。　《象》曰：「復自道」，其義吉也。

述曰：乾體初爻，復之義也。陽剛本在上之物，志欲上進，而為陰所畜，一陽初動得正，前遠於陰，動於下而陞於上，乃復其自道。四雖應己，不能距違，何咎之有？此所以吉也。初九以剛正能復自道，曰「何其咎」，无咎之甚明也。〔註298〕《象》曰「其義吉也」，如九三之不能正，安得吉？

仲虎曰：「『卦言畜，取止之義；爻言復，取進之義。爻與卦不可一例觀也。蓋在下而畜於陰，勢也；其不為所畜而復於上者，理也。』〔註299〕況於初以陽居陽，雖與四陰為正應，而能自守以正，其進復於上，乃當然之理，何咎之有？其義當吉也。」〔註300〕

〔註294〕張獻翼《讀易紀聞》卷一《小畜》引之而不言。
〔註295〕胡炳文《周易本義通釋》卷一《小畜》。
〔註296〕李鼎祚《周易集解》卷三《小畜》。
〔註297〕《詩經・大雅・板》。
〔註298〕朱熹《周易本義》：
　　　　下卦乾體，本皆在上之物，志欲上進，而為陰所畜。然初九體乾，居下得正，前遠於陰，雖與四為正應，而能自守以正，不為所畜，故有進復自道之象。
〔註299〕張獻翼《讀易紀聞》卷一《小畜》引之而不言。
〔註300〕胡炳文《周易本義通釋》卷一《小畜》。

九二：牽復，吉。　《象》曰：「牽復」在中，亦不自失也。

　　述曰：彭山曰：「『牽復』，以一陽之初復者牽連而進也。九二陽剛得中，非陰柔之所能畜，亦吉道也。」〔註301〕孔《疏》：「九二牽連而復，在下卦之中，以其得中，於己不自有失也。三則不中而自失矣。」〔註302〕

　　《象旨》：「初『復自道』，二『牽復』而進，初進則二之勢益昌。蓋一陰得位之時，喜陽復升如此。」〔註303〕吳因之曰：「初、二之守正雖同，然初難而二易。初與四合，其相入最易，卻屹然自做主持，無所繫靠。二則非四之正應，有初之可因，故初曰『何其咎』，二曰『亦不自失』。『何其咎』與他卦不同，此斷然許可之意；『亦不自失』則因彼許此之意。」

九三：輿說輻，夫妻反目。　《象》曰：「夫妻反目」，不能正室也。

　　述曰：《象旨》：「馬融及諸儒皆以乾為車輻，依《說文》。陸氏作『輹』，與《大畜》『輹』同，車下縛木也。『輹』指二。『輿』，三自謂也。九三陽剛不中，密比於四，雖不畜而情有所眷，三往趣上，二下牽初，『說輻』之象。朱先生曰：『陰陽相說，為所繫畜，不能自進』，殆亦非也。三乾為夫。四巽，長女，『婦』象。初、四正應為妻。初能自復而相絕，三以相比而遂妻之，然四、上合志，離目不下視三，又陽性不可終畜，而四體巽，雖志畜而性入，故多白眼而反目也。以妻乘夫，而出在外，是何能正室者哉？」〔註304〕

　　「輿」，乘以行者，象乾之上進。「輿脫輻」，則輪轂無所枝柱而輿不可行，象三欲復為四所牽，不得行也。〔註305〕三以剛居剛，四以柔居柔，皆當位而兩不相下。剛性躁暴，不能居忍而爭；柔性善入，能制剛而乘其上，故反目而不相得。曰「不能正室」，語自失也。

六四：有孚，血去惕出，无咎。　《象》曰：「有孚」「惕出」，上合志也。

　　述曰：「有孚」，孚五也。一柔獨立，以畜群剛，柔必不敵，何能無傷？以其巽主，位正體虛，有孚於五。五陽同德，志在同升，而四孚之，共同斯誠，

〔註301〕季本《易學四同》卷一《小畜》：「『牽復』，以一陽之初復者牽連而進也。九二陽剛得中，不失本體，亦能畜者，吉之道也。」
〔註302〕孔《疏》未見此語。
〔註303〕熊過《周易象旨決錄》卷一《小畜》。
〔註304〕熊過《周易象旨決錄》卷一《小畜》。
〔註305〕趙汝楳《周易輯聞》卷一下《小畜》：
　　　　「輿」，乘以行者，象乾復之行。「輻」，周植於輈轂之間者。三非中，為輻。「輿說輻」，則輈轂無所支拄而輪不可運，喻三欲復為四所畜，不得行之象。

不行其私，不忌其進，故血可去也。夫四操畜陽之權，群陽之所疑畏，可無惕與？能知憂懼，避巽以出，不敢固位以妨賢路，善之乎其自處也。始猶惟剛之敵，今能惟柔之安，蓋巽德善下，能補過也，故「无咎」。

仲虎曰：「三陽健進，四強畜之。三雖說輻，四亦不能無傷，故曰血，傷之也；曰惕，危之也。」〔註306〕「六四上比於大君，則必孚於五。下不與三競，則幸免於傷。然猶不安其居，惕懼而出，小人不敢害君子，又能引避，此小人之无咎也。若《需》之六四，以坎拒乾，致傷而後出，則有間矣。」〔註306〕

九五：有孚攣如，富以其鄰。　《象》曰：「有孚攣如」，不獨富也。

述曰：四為成卦之主，而九五又用六四者也。四與上合志，五與四同體，「四陰虛，五陽實，有陰陽虛實相孚之義」〔註307〕，一體固結攣如而不可解也。巽為繩，「攣如」之象。五誠孚四，因四以孚三陽，向之欲畜而麾之者，咸畜聚而為吾有，是謂「富以其鄰」。陽與陽為鄰，乾陽皆五之鄰也。「富」即畜聚之義。陰虛不富，而欲畜陽，有欲富之心焉，有獨有其富之心焉。九五剛中志行，其孚以道，而無一毫自畜之私，故曰「有孚攣如」，不獨富也。陽德君子，可以力畜乎哉！凡孤立寡助無鄰者，無德以孚耳。

上九：既雨既處，尚德載。婦貞厲。月幾望，君子征凶。　《象》曰：「既雨既處」，德積載也。「君子征凶」，有所疑也。

述曰：巽為長女，陰卦以九居上，處畜之極，同四之體，從九五以成畜道者也，故稱「既雨既處」。彭山曰：「『既』者，已然之詞，由九五言也。」〔註308〕密雲不可反，遂成雨矣。陽止不尚往，遂與處矣。蓋巽體尚德，以載乾陽，陽不可復進而受畜，所謂德，即有孚之德也。「婦貞厲」，虞翻曰：「巽為婦。」〔註309〕「巽婦畜乾夫」〔註310〕，以上畜下，故「貞」。非陰道之順，故「厲」。「月幾望」者，陰之盛也，幾望而進，必盈且虧。君子有乾德者，上九擬乾之進而終畜之，故以征行則凶，終極而徵又凶，故初「復自道」，吉也。馮厚齋曰：「上九『既雨既處』，巽之陰於是乎尚德之載，然使為婦者以是為貞，則厲也，戒巽也。巽於是乎為幾望之月，使為君子者猶有所徵則凶也，戒乾也。夫

〔註306〕胡炳文《周易本義通釋》卷一《小畜》。

〔註306〕趙汝楳《周易輯聞》卷一下《小畜》。

〔註307〕章潢《周易象義》卷一《小畜》。

〔註308〕季本《易學四同》卷一《小畜》。

〔註309〕李鼎祚《周易集解》卷三《小畜》。

〔註310〕熊過《周易象旨決錄》卷一《小畜》。

陰雖盛，豈得加陽；陽不失道，豈制於陰。此《易》所以兩致其戒，使不至於極也。」〔註311〕

《象旨》：「『尚德載』，下三陽為德。『德積載』，積三陽而載之也。」〔註312〕六四合於剛中而志同，所謂『德載』也。四載則不復『輿說輻』而不行矣。蘇氏曰：「凡巽皆陰也。六四固陰矣，九五、上九其質則陽，其志則陰。」〔註313〕故巽一陰與五陽合德以載乾。「知乾之難畜，非德不止，故積德而共載之。此陽也而謂之婦，又像之月，明其實陰也。」〔註314〕仲虎曰：「四之畜道成於終，故示戒，陰雖貞亦厲，陽有動必凶，陰陽兩不利之象。」〔註315〕

王《註》：「處小畜之極，能畜者也。陽不獲亨，故『既雨』也。剛不能侵，故『既處』也。體巽處上，剛不敢犯，『尚德』者也。為陰之長，能畜剛健，德積載者也。婦制其夫，臣制其君，雖貞近危，故曰『婦貞厲』也。陰之盈盛莫盛於此，故曰『月幾望』也。滿而又進，必失其道。陰疑於陽，必見戰伐。雖復君子，以徵必凶，故曰『君子征凶』。」

《紀聞》曰：「此卦六爻，自五陽為一陰所畜而言，則五陽為君子，六四一陰為小人；自四、五畜下三爻而言，則又以下三爻為強梁跋扈者流矣。巽體二爻同力畜乾，此乾字如唐諸藩鎮之類。九五如唐憲宗，四、上二爻如裴度、杜黃裳諸臣。以此而畜眾陽，斯皆在其所畜之中矣。爻辭二句本相承說，象傳挈而明之，正以見有孚尤為本也。」〔註316〕

項氏曰：「『既雨既處，尚德載』，此二句言畜道之成，故曰『德積載也』。『婦貞厲，月幾望，君子征凶』，此三句戒畜道之過，故曰『有所疑也』。《象》於首尾各取一句包之，如《泰》之九二『包荒，用馮河，不遐遺，朋亡，得尚於中行』，凡五句，而象辭曰『包荒，得尚於中行』，亦取首尾二句。凡《象》之例多類此。」〔註317〕按：「《易》中『載』字皆訓為積。重坤之象，為『厚德載物』，象其積也。《小畜》之『尚德載』，象以『德積載』釋之。《大畜》之『大車以載』，《象》以『積中不敗』釋之。則載之為積明矣。」〔註318〕

〔註311〕馮椅《厚齋易學》卷九《易輯傳第五・小畜》。
〔註312〕熊過《周易象旨決錄》卷一《小畜》。
〔註313〕蘇軾《東坡易傳》卷一《小畜》。
〔註314〕蘇軾《東坡易傳》卷一《小畜》，無「又像之月」。
〔註315〕胡炳文《周易本義通釋》卷一《小畜》。
〔註316〕張獻翼《讀易紀聞》卷一《小畜》。
〔註317〕項安世《周易玩辭》卷二《上九象辭》。
〔註318〕項安世《周易玩辭》卷二《載字》。

讀易述卷三

履☲兌下乾上

王《註》：「六三為兌之主，以應於乾。成卦之體，在斯一爻。故《彖》敘其應，雖危而亨也；《象》各言六爻之義，明其吉凶之行。去六三成卦之體，而指說一爻之德，故危不獲亨而見咥也。」〔註1〕「《雜卦》曰：『履不處也』；又曰：『履者，禮也。』謙以制禮，陽處陰位，謙矣，故此一卦以陽處陰為美也。」〔註2〕按《字義》：「履只訓行。畜止而履行，二卦正相反對。」〔註3〕

楊廷秀曰：「履主於行者也，然初尚『素履』，二尚『幽貞』，勇於行而三『凶』，懼於行而四『吉』，五決於行則『厲』，上反其初則『慶』。然則履不處也，而未嘗忘於處也。」〔註4〕

履虎尾，不咥人，亨。

《彖》曰：履，柔履剛也。說而應乎乾，是以「履虎尾，不咥人，亨」。剛中正，履帝位而不疚，光明也。

述曰：王《註》：「凡彖者，言乎一卦之所以為主也，成卦之主在六三也。『履虎尾』者，言其危也。三為履主，以柔履剛，履危者也。『履虎尾』有『不見咥』者，說而應乎乾也。」章氏曰：「兌德為說，柔不忤物，乾居其上，天

〔註1〕王弼《周易略例‧略例下》。
〔註2〕王弼《周易略例‧卦略》。
〔註3〕項安世《周易玩辭》卷二《字義》。
〔註4〕楊萬里《誠齋易傳》卷四《履》。張獻翼《讀易紀聞》卷一《履》引之而不言。

—93—

德天位在焉。『說而應乾』，下順乎上，陰承乎陽，天下之至理也。所履如此，至順至當，象『履虎尾，不咥人，亨』。」〔註5〕「『剛中正，履帝位』者，謂九五也。」〔註6〕三以一陰為成卦之主，勢無兩大，蓋難乎其為君也。而五剛健中正，以履帝位，為諸陽宗，雖有陰邪之臣，不能幹之，而且為用，無疢病矣。此陽剛之發用、盛德之光輝而不可掩抑者，故曰「光明也」。卦中具此履道之至善，所以危可使平歟？

質卿曰：「凡卦乘剛者危，此卦取三柔乘二剛，直危之曰『履虎尾』，明人之涉世皆危機，凡履皆虎尾也。『履其尾』，不濡其齒者鮮矣，故『不咥人』即為『亨』。」

《象旨》：「履者，三柔能履二也。虞翻曰：『明兌不履乾，故言應。』二，虎也，三履之莫咥，以三為說主，與五同功而應之。三者，權在斯須；五者，尊有定位也。《九家易》曰：『承上以巽，據下以悅，其何不亨哉？』二、五正位，兩剛不能相下，今授以巽順之三，而二受其履，二為三用而三為五用，五無病矣。『光明』者，三互離之主而見用於五也。」〔註7〕

吳因之曰：「上乾下兌，以陰躡陽，是隨後躡他，如踏他腳跡相似，所以云『履虎尾』，是隨後履他尾。『履虎尾』，安有『不咥人』者？此但寓言其履至危而不傷之象耳。」孫淮海曰：「六三言『虎尾』，以乾為虎；九四言『虎尾』，以君為虎也。」〔註8〕

汝楳曰：「九五剛中而正，尊履帝位」〔註9〕，下有六三之強臣，名為相應，勢實凌迫，而能乾剛獨運，威福由己，不至下移。強橫以忝大位，故爻稱「夬履」，主決一陰而言也。「使五剛不中不正，則彼必乘得為之勢，以肆侵凌，大君之權為所晦蝕，寧能保其光明哉？」〔註10〕

《象》曰：上天下澤，履。君子以辯上下，定民志。

述曰：天尊地卑，乾坤定矣。以澤視天，則最下最卑者也，此天地自然之

〔註5〕不詳。
〔註6〕孔《疏》。
〔註7〕熊過《周易象旨決錄》卷一《履》。
〔註8〕孫應鰲《淮海易談》卷一《履》。（《四庫全書存目叢書》經部第7冊，第652頁）張獻翼《讀易紀聞》卷一《履》引之而不言。
〔註9〕趙汝楳《周易輯聞》卷一下《履》。按：程《傳》：「九五以陽剛中正，尊履帝位。」
〔註10〕趙汝楳《周易輯聞》卷一下《履》。

分。君子因其自然，制為典禮隆殺等級，截然不亂，貴役賤，尊役卑，上者如天之不可以為澤，下者如澤之不可以干天，使民各安其分，定其志。民志定，然後可以言治。民志不定，由上下之辯不明。等威無別，僭亂易生，天下不可得而治也。《記》曰：「禮，禁亂之所由生」，猶坊止水之所自出也。君子識履之所以為履，本至卑至下，而率履不越，則民所視履即此在矣。〔註11〕

初九：素履，往无咎。　《象》曰：「素履」之「往」，獨行願也。

述曰：「初處最下而陽剛，才可上進，若安其卑下之素而往，則无咎矣。」〔註12〕敬仲曰：「素有質義，有本義。履初，象未有華飾也。」〔註13〕九陽在下，初心惇固，所以為履者，行其素而已，所謂不願乎其外也。

《紀聞》曰：「『獨，專也。若欲貴之心與行道之心交戰於中，豈能安履其素哉？』〔註14〕『無其素而欲行，欺也。不於其志而於其身，污也。故古者學而後行，後世行而後學。顏子，陋巷之禹、稷；仲舒，下帷之伊、呂；孔明，草廬之管、樂。不如是，不為素履。』〔註15〕」〔註16〕

九二：履道坦坦，幽人貞吉。　《象》曰：「幽人貞吉」，中不自亂也。

述曰：九二剛中，履即為道，此道甚夷，無疑無阻，坦而又坦者也。二，內卦之中，象「幽人」。上無應與，內心不動，人皆擾擾，己獨恬如，既不妄進，亦不退避，守其貞正而無不吉焉。只中不自亂，便見其幽，乃幽靜玄澹之

〔註11〕（明）章潢《圖書編》卷九十三《禮總序》：
「上天下澤，履」，「天尊地卑，乾坤定矣；卑高以陳，貴賤位矣」。然以澤視天，則尤下之下、卑之卑者。夫固天地自然之限制也。君子觀履之象，於以辨上下，定民志。夫民志何以不定？由上下未辯，不知履之所以為履，在人本至卑至下也，故上下無辯則紀綱不立，凌逼不慎則僭亂易生焉。因天澤自然之分，制為典禮，三千三百，各有隆殺，不相踰越。為之君臣，使天下貴役賤；為之等級，使天下尊役卑；為之節制，使天下上役下。舉紛然不可齊之眾，一歸於截然不可亂之禮。上者如天之不可以為澤，下者如澤之不可以干天。民見其上下懸絕若此，則心志一定。凡服食器用之間，進退升降之際，不敢借踰。蓋自有天澤以來，未之改也。《記》曰「禮，禁亂之所由生」者此也。噫！是禮也，君子所素履者也。惟此志默順乎天則，德愈盛，禮愈恭，而率履不越，則民之所視者即此在矣，可不慎歟？
〔註12〕程《傳》。
〔註13〕楊簡《楊氏易傳》卷五《履》：「素有質義，有本義。人無生而貴者，則其本初固在下也，固未有華飾也。」
〔註14〕程《傳》。《讀易紀聞》引之而不言。
〔註15〕楊萬里《誠齋易傳》卷三《履》。《讀易紀聞》引之而不言。
〔註16〕張獻翼《讀易紀聞》卷一《履》。

人，世味不入者也。明非多慾之人所能也。〔註17〕

王《註》：「履道尚謙，不喜取盈，務在致誠，惡夫外飾者也。而二以陽處陰，履于謙也。居內履中，隱顯同也。履道之美，於斯為盛。故『履道坦坦』，無險厄也。在幽而貞，宜其『吉』。」

趙汝楳曰：「六三得時而據高位，挾震主之威，方且肆然而履乎二之剛，而二幽人也，內守其正，自然得吉。小人在前，君子由中而行，不干時，不動心富貴，必如是乃可。」〔註18〕

六三：眇能視，跛能履。履虎尾，咥人，凶。武人為於大君。　象曰：「眇能視」，不足以有明也。「跛能履」，不足以與行也。「咥人」之「凶」，位不當也。「武人為於大君」，志剛也。

述曰：三固多凶，以六居三，固不當位。然在餘卦，他有陰爻以分之，則其害猶小。今乃主此卦之時，莫有貳其權者，故眇而自詭能視，跛而自負能履。眇則不審於視，跛則不良於履，適居剛上，肆然履之，是履於危地，故曰「履虎尾」。「以不善履履危地，必及禍患，故曰『咥人，凶』。」〔註19〕其象剛武之人為群陽所與，得志而逞暴，以有為為大君用之，故曰「為於大君」。章氏曰：「大」即五陽，「有恃其一陰以君五陽之意。」〔註20〕君即卦主之義。

趙汝楳曰：「位陽能視，而陰居之為眇；位剛能履，而柔居之為跛。通指卦體則備說之性，指一爻則析兌之說。三自恃陽位，與乾不應，為咥人。六三居兌之成，兌為毀折，故稱眇、跛。」〔註21〕

「三為陽位，本自不中，而六居之，又復不正，虎尾之危，正在於此。」〔註22〕《象旨》：「兌有虎象。三，虎首也。下臨二剛，自履其尾。虎之力在尾，

〔註17〕張獻翼《讀易紀聞》卷一《履》：
　　　幽不是幽隱，即是九二之「履道坦坦」，是乃幽靜玄澹之人，恬無嗜欲者然也。明非多慾之人所能也。
〔註18〕趙汝楳《周易輯聞》卷一下《履》：
　　　九二居中，所履者道，故其行坦坦然，易直之至也。六三得時而據高位，不畏乾陽之盛，方將前進而履之，則何有於二？二君子人也，處若幽人，不務外交，內守其正，自得其吉。夫素履而无咎，幽人而行吉，小人在前，君子知進退之幾，不輕進以干之，君子之遇小人，必如是乃可。
〔註19〕程《傳》。
〔註20〕章潢《周易象義》卷一《履》。
〔註21〕趙汝楳《周易輯聞》卷一下《履》。
〔註22〕季本《易學四同》卷三《彖象爻上傳》。

用尾則咥人，倚剛為用也。《象》言虎不咥人，爻言之，以《象》統一卦，則上為虎首，一而不折，故象『不咥人』；即本位言之，則於三才為人，又為兌，虎之口虛而開，如人在虎口，故為『咥人』也。」〔註23〕

王《註》：「居履之時，以陽處陽，猶曰不謙，而況以陰居陽，以柔乘剛者乎！故以此為明，眇目者也；以此為行，跛足者也；以此履危，見咥者也。志在剛健，不修所履，欲以陵武於人，『為於大君』，行未能免於凶，而志在於五，頑之甚也。」

九四：履虎尾，愬愬，終吉。　《象》曰：「愬愬，終吉」，志行也。

述曰：侯果曰：「履乎兌主，『履虎尾』也。」〔註24〕承上文而自取義。《象旨》：「以四下應初，為『履虎尾』，恐未然。四本多懼之地，而所履者志剛之臣，其危益甚，故『愬愬』。畏懼以存謙道，雖有深憂，可保終吉。『終』以上有陽爻而言。《象》曰『志行』，近君也。乾體本健，而承夬履之主，其志得行，所以『愬愬』而『終吉』。六三陰躁自恣，以迠大君，而志徒剛。九四剛而能柔，以承九五而志得行。」〔註25〕

王《註》：「迠近至尊，以陽承陽，處多懼之地，故曰『履虎尾，愬愬』也。然以陽居陰，以謙為本，雖處危懼，終獲其志，故『終吉』也。」

九五：夬履，貞厲。　《象》曰：「夬履，貞厲」，位正當也。

述曰：「夬」，決也。九五以陽剛健體居尊位，剛決乃其所宜，《象》曰「剛中正，履帝位而不疚」。「夬」，履也。「貞」者，五位得正。「厲」者，君威嚴厲。「不正則剛失於過，不厲則陰易以乘。」〔註26〕孔《疏》：「所以『夬履，貞厲』者，以其位正。當處在九五之位，不得不決斷其理，不得不有其『貞厲』，以位居此地故也。」

〔註23〕熊過《周易象旨決錄》卷一《履》。
〔註24〕李鼎祚《周易集解》卷四《履》。
〔註25〕熊過《周易象旨決錄》卷一《履》：
　　　　四下應初，履虎之尾矣。侯果曰：「四履乎兌主」，蓋以三為虎尾，非象旨矣。「愬愬」，四多懼也。以剛居柔，故能懼。初曰「獨行願」，遠君也；四曰「志行」，近君也。以位為志，故六三之志徒剛，九四之志則行。
　　　　季本《易學四同》卷一《履》：
　　　　「愬愬」，畏懼之貌。九四在六三之上，比於人慾易肆之爻，故亦取「履虎尾」之象。但以陽剛乾體，能愬愬而畏懼，故不陷於欲而終吉也。「終」以上有陽爻而言。
〔註26〕趙汝楳《周易輯聞》卷一下《履》。

《象旨》:「『《夬》與《履》,乾兌相易之卦。』〔註27〕『夬履』者,在履而當夬位也。〔註28〕六三成卦之主,以柔履剛,五與二德同位應,欲為二決去之,故云『夬履』。劉牧曰:『厲,嚴也。剛而居尊,故嚴』〔註29〕,非危也。或曰〔註30〕:『在下者不患其不憂,患不能樂,故喜其履坦;在上者不患其不樂,患其不能憂,故戒其夬履。』」〔註31〕

上九:視履考祥,其旋元吉。 《象》曰:「元吉」在上,大有慶也。

述曰:「《履》之陽爻皆言吉,未有不善者也。『祥』者,吉之兆。」〔註32〕上九處履之終,於其終也,視其所履,以考其祥〔註33〕,蓋吉人用心,常以自考;吉事有祥,兆於先幾。果履也,而其旋「不愆於素」〔註34〕,不渝其貞,周旋完備,而無所缺,此之謂「求福不回」,「元吉」也。

《象旨》:「據俞氏,『視履』句,『考祥其旋』句。石介曰:『以高應下,有旋反之象。』先儒所謂『初往者始,上旋者終,昔往而今旋』是也。上以重剛,居履之成,健而不息,能視其所履」〔註35〕,猶之乎檢身飭行之初也。夫百順之福,生於自反;至當之德,歸於有終。始者往矣,而匪終之旋,則釁缺隨之,將不祥莫大焉。「視履」者,考驗其吉祥於一念旋復之間,所以「元吉在上,大有慶也」。〔註36〕乾九方能視,與「眇能視」正相應。一卦惟上剛與六三柔順相應,故象「其旋」。

〔註27〕 王應麟《困學紀聞》卷一《易》。《周易象旨決錄》引之而不言。
〔註28〕 俞琰《周易集說》卷二十五《爻傳六》:「《履》《夬》二卦皆成於乾兌,故《履》之九五稱『夬』,亦曰『位正當也』,言其在履而當夬位也。」《周易象旨決錄》引之而不言。
〔註29〕 李衡《周易義海撮要》卷一《履》。
〔註30〕 胡炳文《周易本義通釋》卷一《履》:「在下者不患其不憂,患其不能樂,故喜其坦坦;在上者不患其不樂,患其不能憂,故戒其夬履。」《周易象旨決錄》引之而不言。
〔註31〕 熊過《周易象旨決錄》卷一《履》。
〔註32〕 季本《易學四同》卷一《履》:
　　　　履本敬懼之德,未有不善者也,故於陽皆言吉道。「祥」者,吉之兆,即《繫辭下傳》所謂「吉事有祥」者也。
〔註33〕 朱熹《周易本義》:「視履之終,以考其祥,周旋無虧,則得『元吉』。」
〔註34〕 《左傳·宣十一年》。
〔註35〕 熊過《周易象旨決錄》卷一《履》。
〔註36〕 章潢《周易象義》卷一《履》:
　　　　上九陽剛,居履之極,而履道成矣。且下與六三之柔順相應,常自反觀所履,以考驗其吉祥於周旋曲折之間,斯為元善嘉美之會,而率履其迪,吉也。

質卿曰：「人之制行，初心猛烈，欲得元吉無難；末心頑熟，欲得元吉不易。元吉在上，則彌高彌邵，愈久愈精，不惟有慶，而『大有慶』也。所謂『樂只君子，德音不已』、『樂只君子，胡不萬年』者，此也。」汝吉曰：「夫人一成而不可易者行，一往而不可悔者事。《記》〔註37〕曰：『苟有車，必見其軾；苟有衣，必見其敝。』則其旋難矣。故履道懼以終始而已矣。」

《紀聞》曰：「『《小畜》上九取畜之終，《履》上九取履之終，但《小畜》之終專從六四一陰說來，故曰凶；《履》之終統從諸爻說來，故曰其旋元吉。凡事善而或一事之未善，一事中九分善或一分之未善，皆非旋也，皆非大善而吉也。』〔註38〕『若只是半截時，無由考得其祥，後面半截卻不好，未可知。旋是那團從來，卻到那起頭處。』〔註39〕『大有慶』，方是實說福。『初、上，履之終始也。初言往，上言旋。』〔註40〕」〔註41〕

六三爻，項氏曰：「『眇』者、『跛』者，象六之柔也；『能視』、『能履』，象三之剛也。柔而履剛，本無可行之理，故曰『不足以與行也』。『履虎尾』者，行危道也，喻六居三，所履不正也。本不足行，又行危道，安得不傷，故曰『咥人之凶，位不當也』。『武人』，粗暴之人也，不足行而行，不可履而履，皆粗暴之象。『大君』者，一卦之主也。」〔註42〕六三以一陰統五陽，為履主。「質雖甚柔，而所履者剛，又當不處之時，而得為一卦之主，是以粗暴如此，故曰『武人為於大君，志剛也』，言非剛才而有剛志，故其象如此。」〔註43〕「夫六三當履之時而在下體，謂之跛可也。又有視象，何也？六三互體為離，離目不正，故謂之眇，亦以見人之妄行者，皆由於不明也。」〔註44〕

九四爻，項氏曰：「六三履剛，故為『虎尾』，以象其危。四履柔，亦為『虎尾』者，凡卦以下爻為尾，乾為虎，四在其尾，以象言之也。三剛而尚武，與五爭為主，故凶；四柔而愬愬，上巽乎五，故終吉。三言『志剛』，可見四之志柔；四言『志行』，可見三之志不足行。皆互文也。諸爻皆以位為志，初為

〔註37〕《禮記·緇衣第三十三》。
〔註38〕胡炳文《周易本義通釋》卷一《履》。《讀易紀聞》引之而不言。
〔註39〕黎靖德《朱子語類》朱子語類卷七十易六·履、朱鑑《朱文公易說》卷三《履》。《讀易紀聞》引之而不言。
〔註40〕胡廣《周易大全》卷五《履》，稱「建安丘氏曰」。《讀易紀聞》引之而不言。
〔註41〕張獻翼《讀易紀聞》卷一《履》。
〔註42〕項安世《周易玩辭》卷二《六三》。
〔註43〕項安世《周易玩辭》卷二《六三》。
〔註44〕項安世《周易玩辭》卷二《眇　跛》。

『行願』，二為『中不自亂』，三為『志剛』，四為『志行』，皆主位言之。蓋其所自處如此，則志可知矣。」〔註45〕

　　九五爻，項氏曰：「六三為《彖辭》『亨』者，以下卦言之，有和說之德也；於本爻為『凶』者，資本陰柔，履位不正，宜其凶也。九五於《彖辭》為『不疚』者，以上卦言之，有剛健中正之德也；於本爻為『厲』者，以剛行剛，志在夬決，所決惟三，而三當權用事，方為一卦之主，其理雖正，其事則危也。故《小象》獨以位之正當為言，其義明矣。凡《彖》多言卦德，凡爻多論爻位。」〔註46〕

泰䷊乾下坤上

　　仲虎曰：「三陽來而居內，三陰往而居外，陰陽之正，唯《泰》卦為然。自《乾》、《坤》至《履》，陽三十畫，陰三十畫，陰陽之數適相等，然後為三陰三陽之《泰》。《泰》豈偶然哉？三陰三陽往來之卦凡二十，而《泰》、《否》適居其先，故卦辭獨以往來言。」〔註47〕

　　馮琦曰：「自《乾》、《坤》之後，始涉人道，經歷六坎，險阻備嘗，內有所畜，外有所履，然後致泰。而《泰》之後，《否》即繼之。以此知斯人之生，立之難而喪之易；國家之興，成之難而敗之易；天下之治，致之難而亂之易。此又序《易》者之深意，而亦天地自然之理也。」〔註48〕

　　吳因之曰：「聖人作《易》，以扶陽也，至於《泰》，則為吾道慶之。當陽之衰於《剝》，盡於《坤》，聖人固不勝慘切。及一陽初復，雖有喜其來而悲其晚之意，然尚微弱，只堪愛護。二陽之《臨》，則浸盛矣。然君子當衰滅無聊之後，與夫微弱未暢之餘，一值浸長之會，恐遂肆意上進，以快其志，故聖人方許『元亨』，又凜凜憂危於八月。至於四陽之《大壯》，則陽長過中矣。至五陽之《夬》，又極盛矣。過中者，衰之根將伏；極盛者，衰之兆已成。故一則不言吉亨而直戒『利貞』，一則屢示危辭而不勝憂惕。惟《泰》則三陽方進，有方興未艾之勢，而無盛極將衰之虞。六十四卦之中，可為陽道慶者，莫盛於此。」

〔註45〕項安世《周易玩辭》卷二《六三　九四》。
〔註46〕項安世《周易玩辭》卷二《六三　九五》。
〔註47〕胡炳文《周易本義通釋》卷一《泰》。
〔註48〕胡廣《周易大全》卷五《泰》。原出馮椅《厚齋易學》卷十《易輯傳第六‧泰》。

泰：小往大來，吉，亨。

《彖》曰：「泰：小往大來，吉，亨」，則是天地交而萬物通也，上下交而其志同也。內陽而外陰，內健而外順，內君子而外小人。君子道長，小人道消也。

述曰：彭山曰：「《泰》之為卦，陽在下而陰在上，二氣相交而流通無滯，故泰取通義，通則志相得矣。『小往大來』，陽進陰退也。退則出外，故曰『往』；進則居內，故曰『來』。『吉』為君子言也，吉則無所不通矣，故言『亨』。」〔註49〕

《紀聞》曰：「『《否》、《泰》之《彖》，歸宿在君子小人之消長，故曰《易》以天道明人事。』〔註50〕『內外釋往來之義，陰陽、健順、君子小人釋大小之義。』〔註51〕『信而任之則為內，疏而遠之則為外。』〔註52〕『內陽而外陰』應『天地交』來，『內健而外順』應『上下交』來。『內君子而外小人。君子道長，小人道消』，則又專統君子小人為言，蓋『小往大來』本旨。『陰陽以氣言。』〔註53〕陽者，天地之生氣；陰者，天地之殺氣也。時則造化生生之仁布德和令而主歲功，其摧折剝落之威固置諸空虛不用之處矣。『健、順以德言。』〔註54〕夫健，君德也；順，臣德也。『內健』言內當為主者方剛毅果斷，無少委靡之意。『外順』言外當聽令者方恭謹忠順，無敢凌犯之意。『內君子』、『外小人』，不是君子皆在朝，小人皆在外，內只是為主而用事，外者退聽而已。〔註55〕『君子』、『小人』以人言，『道長』、『道消』以道言。」〔註56〕長者，一步長一步；消者，一步消一步。所以為泰，聖人所以慶幸。若長到沒去處則為盈，消到沒去處則為虛，盈則極而必反矣。如《夬》卦只好用「盈」字，卻用不得「長」字了。

〔註49〕季本《易學四同》卷一《泰》。

〔註50〕馮椅《厚齋易學》卷三十三《易外傳第一·象上贊·泰》：「《泰》、《否》之贊，歸宿在君子小人之消長，故曰易以天道明人事。」《讀易紀聞》引之而不言。

〔註51〕胡廣《周易大全》卷五《泰》，稱「建安丘氏曰」。《讀易紀聞》引之而不言。

〔註52〕董真卿《周易會通·周易經傳集程朱解附錄纂註卷三·泰》，稱「邵氏曰」。《讀易紀聞》引之而不言。

〔註53〕胡廣《周易大全》卷五《泰》，稱「建安丘氏曰」。《讀易紀聞》引之而不言。

〔註54〕胡廣《周易大全》卷五《泰》，稱「建安丘氏曰」。《讀易紀聞》引之而不言。

〔註55〕蔡清《易經蒙引》卷二下《泰》：「『內君子而外小人』」，不是君子在朝廷，小人在州郡，只是內者為主而用事，外者退聽而已。」《讀易紀聞》引之而不言。

〔註56〕張獻翼《讀易紀聞》卷一《泰》。

卜子夏曰：「泰象於天地交而萬物生，上下交而人治成，陽內得時而陰外也，健發於內，其道順行於外，親內君子，疎外小人。君子之長也，是以損削之道往而豐大之道來，吉而通者也。」〔註57〕崔憬曰：「陽為君子，在內健於行事；陰為小人，在外順以聽之。」〔註58〕

關朗曰：「卦乾來乎內，坤往乎外，君子闢，小人闔，故名泰。反是名否。作《易》者，其辟君子之道而通小人之闔乎？故各以君子名其卦。吉來則凶往，有變則能通，故曰『小往大來，吉，亨』。」〔註59〕

《象》曰：天地交，泰。後以財成天地之道，輔相天地之宜，以左右民。

述曰：「天本乎上而其氣下降，地本乎下而其氣上騰，天地交通，所以為泰。」〔註60〕當泰之時，元後為泰之主，仰承天施，俯察地利，中修人事。天地有自然之道，以生萬民，而患氣序之或舛也。天地有自然之宜，以養萬民，而患化工之不足也。於焉裁而成之，使不過物，各得其正；輔而相之，使必及物，各適其宜。要以匡直輔翼，左右乎民，俾各盡其性，自至於中，而成天下通泰之美焉。《象旨》：「《乾》、《坤》而後，陰陽各三十畫，而後為《泰》，無過不及矣。乾左也，坤右也，左右之使，無過不及也。」〔註61〕

初九：拔茅茹，以其彙，征吉。　《象》曰：「拔茅」「征吉」，志在外也。

述曰：初一陽在下始進，三陽已於此乎類進矣，故有「拔茅茹，以其彙」之象。夫致泰在初，而以之者初也。一正進，則所進皆正，同類並進，正道益昌，故征則吉。《象》曰「志在外也」，《彖》謂「上下交而其志同」，初之志其在茲乎？袁樞曰：「凡言征者，必以正行之也。」《象旨》：「傅氏云：『彙，古偉字，美也』〔註62〕。謂其應，猶《詩》言『予美』。舊指同類，非。外謂外卦。」〔註63〕

王《註》：「茅之為物，拔其根而相牽引者也。『茹』，相牽引之貌。三陽同志，俱志在外，初為類首，己舉則從，若『茅茹』也。上順而應，不為違距，進皆得志，故以其類『征吉』。」

〔註57〕《子夏易傳》卷二《泰》。
〔註58〕李鼎祚《周易集解》卷四《泰》。
〔註59〕關朗《關氏易傳·闢闔義第六》。
〔註60〕楊萬里《誠齋易傳》卷四《泰》。
〔註61〕熊過《周易象旨決錄》卷一《泰》。
〔註62〕（唐）陸德明《經典釋文》卷二《周易·泰》。
〔註63〕熊過《周易象旨決錄》卷一《泰》。

九二：包荒，用馮河，不遐遺。朋亡，得尚於中行。　《象》曰：「包荒」，「得尚於中行」，以光大也。

述曰：泰當「內君子」之時，而九二與五正應，為泰之交，故治泰主二而言。剛居柔位，在下得中，本有虛含容納之度，故象「包荒」。乾體本剛健果決，故象用「馮河」。三陰在外，泰本上下相交，故象「不遐遺」。〔註64〕「初、三剛失中，九二不以同體相比，本至公無私，故象『朋亡』。尚之為言配合也，如西漢以列侯尚主之尚。『中行』謂五，所謂『中以行願』者是也。卦以上下交為泰，故彖以『尚中行』為辭。『得尚』者，慶辭也。」〔註65〕保泰以「包荒」為重，專於「包荒」，非中道也，又用「馮河」、「不遐遺」、「朋亡」三者，故《象》言「包荒，得尚於中行」，缺一焉於中行遠矣，如保泰何哉！〔註66〕「以光大也」，九二陽德中體，虛心平情也，不執定因循一路也，不執定發揚一路。一切先入之見、有我之私，分毫無有沾帶，鑑空衡平，順而應之，何等光明廣大，所以能中。

四件一時俱有，蓋一事之中而四者齊備，絕非各有所宜之謂。首言「包荒」，如去一弊，更張有漸，不一時取，必罨其微細，不察見淵魚，卻斷然要去，不肯偷安，是「用馮河」。即此革弊，正是為海隅蒼生之計，為百世萬世計，是「不遐遺」。縱然此弊一去，輒不便於左右近習勳戚故舊，我也決不為他中止之，是「朋亡」。

中行雖兼剛柔，畢竟以剛為主。「馮河」、「朋亡」固剛也，「包荒」、「不遐

〔註64〕章潢《周易象義》卷一《泰》：

　　九二與五正應，然《泰》卦乾剛在下，勢必上行，不必拘定以五為君，二惟聽其專任而已。蓋陰陽交配，泰之道也，故主泰者二也。九二以剛居柔，在下得中，本有含弘光大之度，故象「包荒」。乾體本剛健果決，故「用馮河」。泰本上下相交，至仁無外，故「不遐遺」。

〔註65〕熊過《周易象旨決錄》卷一《泰》：

　　初、三剛失中正，故二有「朋亡」之象。「尚」，配也。「中行」，謂五，所謂「中以行願」者是也。卦以上下交為泰，故彖以「尚中行」為辭。「得尚」者，慶辭也。

　　其中，「尚之為言配合也，如西漢以列侯尚主之尚」，出楊萬里《誠齋易傳》卷四《泰》。張獻翼《讀易紀聞》卷一《泰》引之而不言。

〔註66〕季本《易學四同》卷三《彖象文上傳》：

　　故以「包荒」為重，專於「包荒」，非中道也，故又以「用馮河」、「不遐遺」、「朋亡」三者 之，言「包荒，得尚於中行」，則中行之中，包「用馮河」、「不遐遺」、「朋亡」而言矣。

遺」豈委靡者所能，亦剛也。看來治天下國家，剛德是本領，合下便靠他做主了。但純靠不得也，要柔來參酌。大抵七分剛，三分柔。若對半，就犯太柔則廢。《乾》用九道理正是如此。亦不獨為治，造化亦然。天陽地陰，雖是合而成功，然天倡之，地纔和之，其所和者，又非自為一氣，不過即天氣而醞釀培植，全靠陽做胎骨。

二，臣也，卻將「包荒」；四者，治泰之道，盡發於此；五，君也，治泰之道，全不說。及只說得虛心任二，此可見君逸臣勞，君擇相，相代終，各自有本體。

九三：無平不陂，無往不復。艱貞无咎，勿恤其孚，於食有福。　《象》曰：「無往不復」，天地際也。

述曰：程《傳》：「三在諸陽之上，泰之盛也。物理如循環，在下者必升，居上者必降。泰盛而否又萌，故為之戒曰：無常平而不險陂者，謂無常泰也；無常往而不返者，謂陰當復也。平者陂，往者復，此天道之必然。方泰之時，諸陽在上，不敢安逸，常艱危其思慮，正固其施為，如是則可以无咎。」勿用優恤，曰惟其孚，孚者，開載布公，孚初、二之朋，聯內外之交，以共維世運，則可以得持盈保泰之道，而於食有福也。自古隆盛，未有不失道而喪敗者，未有不由大臣自為一心、同類解體，以至失事幾者。周公勉留召公，敬德用賢，以迓天休，故處盛而不滿保，常治而无咎害，所謂孚之有福如此。

「陽自上而下曰復，『小往大來』也；陰自上而下，亦曰復，『大往小來』也，故曰『無往不復』。」〔註67〕「居泰之世者，勿謂時平，其險將萌；勿謂陰往，其復反掌。」〔註68〕「處其交，履其會」〔註69〕，「思其所終，慮患而艱守之，不失其正，則可无咎」〔註70〕。凡處平心常忽易，動失正道，故禍端敗幾，往往伏於泰通之時，《泰》所以言「艱貞」也。「勿恤」、「其孚」作兩句讀。當泰慮危，過用其心，且疑且防，此夫不知天命者也。天命倚伏，不可測也，故「勿恤」，惟孚我同心，共此艱貞，以祈天祐，於食有福。食猶饗也，言孚之必食報而為福所歸也。

〔註67〕張獻翼《讀易紀聞》卷一《泰》。
〔註68〕楊萬里《誠齋易傳》卷四《泰》。張獻翼《讀易紀聞》卷一《泰》引之而不言。
〔註69〕董真卿《周易會通·周易經傳集程朱解附錄纂註卷三·泰》：「徐氏直方曰：『處其交，履其會者，必有變化持守之道。』」
〔註70〕《子夏易傳》卷二《泰》。

《象》曰「天地際」，謂此乃陰陽消長之際則然，明人道當以艱貞致福也。彭山曰：「此為泰之三陰，而發見陰之順陽，亦陽艱貞之所致耳。」〔註71〕

汝吉曰：「唐虞之世，四凶在朝，朱均在室，平陂往復之運儵焉。微二帝明目達聰，兢兢業業，勒天命於時幾也，豈能以上下並福於終古，稱到隆哉？故聖人之至於命也，不制於命者也。」

王《註》：「乾本上也，坤本下也，而得泰者，降與升也。而三處天地之際，將復其所處，則上守其尊，下守其卑，是故無往而不復也，無平而不陂也。處天地之將閉，平路之將陂，時將大變，世將大革，而居不失其正，動不失其應艱，而能貞不失其義，故『无咎』也。信義誠著，故不恤其孚而自明也，故曰『勿恤其孚，於食有福』也。」

六四：翩翩，不富以其鄰，不戒以孚。　《象》曰：「翩翩，不富」，皆失實也。「不戒以孚」，中心願也。

述曰：劉伯子曰：「『翩翩』，飛而向下象也。陰為虛，『不富』也，以其鄰五與上也。『不戒以孚』，三陰同志，皆承乾者也。」彭山曰：「當泰之時，三陰在上，皆順乎陽，不敢為主，故六四有『翩翩，不富以其鄰』之象。『不戒以孚』，出自誠心，不待告戒也。」〔註72〕二言「朋亡」，三言「其孚」，至此群陰相率而下，「不戒以孚」，共為一朋，此大道為公之盛，所以為泰也。

彭山曰：「『皆失實也』，言三陰從陽而不為主也。陽實則能為主，陰虛則但順承乎陽而已，不有其富之義也。」〔註73〕

《象旨》：「俞氏曰：『泰之時，上下交而其志同，君子小人兩不相疑，又何戒備之有？三陽以其類〔註74〕交乎上，故三陰亦以其鄰交於下。三交於上，勿恤其孚，故四交於下亦不戒以孚。』〔註75〕象言『失實』者，陰之從陽，猶貧依富，今三陰在外，皆內向也。」〔註76〕

六五：帝乙歸妹，以祉元吉。　《象》曰：「以祉元吉」，中以行願也。

述曰：程《傳》：「帝乙，制王姬下嫁之禮法者也。自古帝女，雖皆下嫁，

〔註71〕季本《易學四同》卷四《彖象文下傳》。

〔註72〕季本《易學四同》卷一《泰》。

〔註73〕季本《易學四同》卷三《彖象文上傳》。

〔註74〕「類」，《周易集說》作「彙」。

〔註75〕俞琰《周易集說》卷二《泰》。

〔註76〕熊過《周易象旨決錄》卷一《泰》。

至帝乙然後制為禮法，使降其尊貴，以順從其夫。」明陰必以從陽為正也。「六五陰居尊位，下應九二剛明之賢」〔註77〕，柔中虛己而順從之，「如帝乙之歸妹然，降其尊而順從於陽，則以之受祉，且元吉也」〔註78〕。泰本以上下交而名。「二曰『尚』，五曰『歸』，所以交泰。」〔註79〕章氏曰：「天地交泰而品彙化生，陰陽配合而百順駢集，故曰『以祉元吉』。」〔註80〕質卿曰：「《泰》至五位，陽道將潛伏矣，陰氣已流行矣，自是可以凝陽德之亨，可以消陰機之萌，福祉自天，世道攸慶，『元吉』之象也。」

二、五以中相應，故《象》言其能獲祉福且元吉者，由其中道合而行其願也。人莫不有下賢之願，而非中莫能行。六五有中德，所以能任剛中之賢，所聽從者皆其誠願也，非其所欲，能從之乎？「以祉元吉」，宜矣！

《象旨》：「六五坤之主。『祉』謂四、上二陰，六五下嫁九二而二陰從之也。卦互《歸妹》，故象占如此。『以祉元吉』，帝女之歸，非以求勝，其夫將以祉之；坤之下復，非以奪乾，將以輔之；故曰『中以行願』，如是而後『元吉』也。」〔註81〕

按：「京房《傳》載湯歸妹之辭，曰：『無以天子之尊而乘諸侯，無以天子之富而驕諸侯。陰之從陽，女之順夫，天地之義也。往事爾夫，必以禮義。』」〔註82〕

上六：城復於隍，勿用師。自邑告命，貞吝。　《象》曰：「城復於隍」，其命亂也。

述曰：《象旨》：「虞翻曰：『按：《同人》『乘墉』言於乾，則城者乾也，坤為積土。』子夏云：『基土培扶，乃得為城。』今崩而復隍，即《泰》復於《否》

〔註77〕程《傳》。
〔註78〕程《傳》。
〔註79〕章潢《周易象義》卷一《泰》。
〔註80〕章潢《周易象義》卷一《泰》。
〔註81〕熊過《周易象旨決錄》卷一《泰》。
　　　　按：蘇軾《東坡易傳》卷二《泰》：
　　　　　　如帝女之歸其夫者，帝女之歸也，非求勝其夫，將以祉之；坤之下復，非以奪乾，將以輔之，如是而後可。
〔註82〕王應麟《困學紀聞》卷一《易》、趙汝楳《周易輯聞》卷二《泰》。
　　　　另，馮椅《厚齋易學》卷十《易輯傳第六‧泰》：
　　　　　　子夏曰：「湯之歸妹也，湯嫁妹之辭，曰：『無以天子之尊而乘諸侯，無以天子之富而驕諸侯。陰之從陽，女之順夫，天地之義也。往事爾夫，必以禮義。』」語見〔京房《傳》〕。

之象。『勿用師』，坤為師也。」〔註83〕王介甫曰：「眾心已離，不可收拾。『用師』，徒驅民於潰散而速其禍，故曰『勿用師』。」〔註84〕『自邑告命』，坤為邑，邑非所以出令也。天下皆不用命，窮守一邑，播告之脩，亦何為乎？故雖貞亦吝。坤為吝嗇也。「『城復於隍』，其命亂也」，介甫曰：「下不承上，外不衛內，小者擅命，故曰『自邑告命』。」〔註85〕

王《註》：「居泰上極，各反所應，泰道將滅，上不下交，卑不上承，尊不下施，是故『城復於隍』，卑道已壞。〔註86〕『勿用師』，不煩攻也。『自邑告命，貞吝』，否道已成，命不行也。」

六五爻，項氏曰：「泰之所以成泰者，以六五、九二上下相交，其志同歸於中行，所以泰也。九二之陽上交於五，如舜之尚見於帝，故曰『得尚乎中行』。九二之『中行』，即指六五『中以行願』也。六五之陰下交於二，如帝女之下嫁於諸侯，故『帝乙歸妹』。治泰之事，皆九二主之，六五獨以心享其效而已，故九二之爻辭言事甚多而不言其福，六五之爻辭言福而不及事。人君之道，莫善於此，故曰『元吉』。」〔註87〕

楊氏曰：「王姬之貴，不有其貴而貴其夫；人君之尊，不居其尊而尊其賢。此六五以柔中之君而下從九二剛中之臣也。言莫予違者，主之蔽；從諫如流者，君之明。至於如婦之從夫，則有百從而無一違矣。『以祉元吉，中以行願』，君任其臣以致泰之治，則泰之福溥於天下，君之願欲孰大於是？六五坤之主，故為帝妹。」〔註88〕

九二爻，項氏曰：「九二剛而能柔，其道中平，無所偏倚。聯〔註89〕在外之三陰，與之相應，如徒步涉河，無所疑忌，陰雖遠而不之遺，陽雖近而不之比，獨離其朋，上合於六五之中行，二、五相易，遂成《既濟》，以此處泰，不亦光大乎？五交二成離，故有『光大』之象。二致五成坎，故有『馮河』之象。」〔註90〕

〔註83〕熊過《周易象旨決錄》卷一《泰》。「即《泰》復於《否》之象」，《周易象旨決錄》作「明下之不交上也」。

〔註84〕不詳。

〔註85〕李衡《周易義海撮要》卷二《泰》。

〔註86〕「已壞」，王《註》作「崩也」。

〔註87〕項安世《周易玩辭》卷三《泰九二　六五》。

〔註88〕楊萬里《誠齋易傳》卷四《泰》。

〔註89〕「聯」，《周易玩辭》作「能包」。

〔註90〕項安世《周易玩辭》卷三《泰九二》。

否☷☰坤下乾上

羅彝正〔註91〕曰：「否，閉塞也。三陰長出地上，六陽已消其半，天氣上而不下，地氣下而不上，二氣不交，所以為否也。」

否之匪人。不利君子貞，大往小來。

《彖》曰「否之匪人。不利君子貞，大往小來」，則是天地不交而萬物不通也，上下不交而天下無邦也。內陰而外陽，內柔而外剛，內小人而外君子。小人道長，君子道消也。

述曰：「否之匪人」，聖人以致否歸咎小人，究亂本也。石介曰：「為君子遇否者言之也。」〔註92〕「人之所以為人者，以負陰而抱陽也。此卦內陰外陽，有『匪人』之象。」〔註93〕仲虎曰：「以天地言，陰陽不交，生道絕矣，『匪人』也；以一身言，陽上亢而陰下滯，元氣竭矣，『匪人』也；以人心言，人慾為主於內，天理緣飾於外，失其所以為人矣，『匪人』也。」〔註94〕孔《疏》：「陽氣往而陰氣來，故云『大往小來』。陽主生息，故稱大；陰主消耗，故稱小。」

《象旨》：「『不利』，依俞玉吾斷句，讀曰『不利君子貞』者，非君子之正道未有不利者。正道無常形，居泰與否曰不相為謀矣。《易》中之例，以『不利』斷句者《否》，以『無不利』斷句者《謙》。《否》之象聖人，不為小人謀也。」〔註95〕

何妥曰：「《泰》中言『志同』，《否》中言『無邦』者，言人志不同，必致乖散而亂邦國也。」〔註96〕《泰》言『健順』，《否》言『剛柔』，「言內當為主者反柔懦不振，而外當順從者反強梁方盛，蓋君弱臣強之時也。內坤為內柔，而朝廷根本之地方懦弱之象；外乾為外剛，而群臣及諸侯方強盛之象。主德不斷，亦陰柔也；女謁通行，亦陰柔也；近習用事，亦陰柔也」〔註97〕。

〔註91〕羅倫，字彝正，別號一峯，江西永豐人。成化丙戌進士。《經義考》著錄其《周易說旨》四卷，《四庫全書總目》卷一百七十一著錄其《一峯集》十卷，丁丙《善本書室藏書志》卷三十六著錄其《一峯先生文集》十四卷。

〔註92〕熊過《周易象旨決錄》卷一《否》。
　　　　按：原出李衡《周易義海撮要》卷二《否》，注「介」，乃王安石，非石介。

〔註93〕章潢《周易象義》卷一《否》。

〔註94〕胡炳文《周易本義通釋》卷一《否》。

〔註95〕熊過《周易象旨決錄》卷一《否》。

〔註96〕李衡《周易義海撮要》卷二《否》。按：原出李鼎祚《周易集解》卷四《否》。「乖」，《周易集解》作「離」。

〔註97〕張獻翼《讀易紀聞》卷一《否》。

《象》曰：天地不交，否。君子以儉德辟難，不可榮以祿。

　　述曰：「天地不交」，時否矣。君子者若天，奉時與偕否者也，宜收斂其德，以闢小人之難。「不可榮以祿」，君子道足裁成輔相，心在左右斯民，其德與時俱泰，其受祿不誣，時方閉塞，存吾道而已矣。守之以約，斂之若無，不彰不曜，不取匪人之忌，是為「辟難」。知幾識微，志在相時，雖被寵祿，泊然無榮之之心焉。蓋超然榮祿之外，然後可以運其斡旋之樞也。處否之道如此。『儉德』，坤之嗇也。『不可榮以祿』，天之高也。」〔註98〕三陽在外，為「辟難」。坤邑為「祿」。愚謂「儉德辟難」是《象》所謂「君子貞」者。

初六：拔茅茹，以其彙，貞吉，亨。　　《象》曰：「拔茅」「貞吉」，志在君也。

　　述曰：初處最下，其位本陽。坤體初陰，未嘗不善。從其本順之性，則有安貞之德，故初一進而同類，牽連並進，亦象「拔茅茹，以其彙」，與《泰》同。〔註99〕第否運將乘，陰道浸長，不可不謹之。始進之初也，故示以能貞則吉，而不失通泰之亨。貞者，志存正固，行不易方，同而不黨，滅私以公也。

　　《象旨》：「初處最下而遠於陽，然位本陽也，孔子觀象而得之，故曰『志在君』。變外言君，《泰》五柔中，不如《否》五剛中也。剛中者，君德也。」〔註100〕劉牧曰：「初以處卑而應上，故吉亨；二以中正而應上，故否亨。」〔註101〕

　　聖人於《否》、《泰》之初，皆欲得人以維之。《泰》之初曰「拔茅茹，以其彙」，協力以致治也；《否》之初曰「拔茅茹，以其彙」，協力以防亂也。可見世有盛衰，而不可一日無君子。君子處世有盛衰，而不可一日不在天下。

六二：包承小人，吉，大人否亨。　　《象》曰：「大人否，亨」，不亂群也。

　　述曰：否以陰陽不交而言。群陰正盛，持衡用事者善處之，則彼不吾疑，然後有所轉移變化。若距而不納，動與為忤，祇甚否隔之患耳。六二介二陰之間，居中得正，上應剛中，有「包承小人」之法。蓋柔不忤物，虛能含容，

〔註98〕（明）崔銑《讀易餘言》卷三《否》。張獻翼《讀易紀聞》卷一《否》引之而不言。
〔註99〕季本《易學四同》卷一《否》：
　　　　《否》，三陰並進者也。《泰》與《否》皆取茅為象者，以群陽群陰同在下而相牽連也。坤體初陰，未為不善。從其本順之性，則有包含之德，亦貞道也。貞則吉而可以亨矣。
〔註100〕熊過《周易象旨決錄》卷一《否》。
〔註101〕李衡《周易義海撮要》卷二《否》。

善與之群，而不亂其群，此所以吉也。當不交不親之時而能如此，大人之否，其可亨乎？是以《象》曰「『大人否，亨』，不亂群也」。劉濂伯曰：「包象坤之為腹。」〔註102〕荀爽曰：「乾坤分體，天地否隔，故曰『大人否』。二、五相應，否義得通，故曰『否，亨』矣。」〔註103〕虞翻曰：「物三稱群，謂坤三陰。」〔註104〕

《象旨》：「據龜山楊氏曰『包承小人為句』。二包三，初承二，上下皆陰，陰為小，故言『小人』。卦明有此象。二柔而得正，當上下不交之際，不敢自異以取疑，故『吉』。九五大人，亦以其柔順應己，故能『休否』也。然則六二雖與上下二陰同體，而群不亂矣。」〔註105〕

六三：包羞。　《象》曰：「包羞」，位不當也。

述曰：《象旨》：「簡氏輔曰：『六三否過乎中，承應皆陽，小人之道將消，故謂包羞之象。』」〔註106〕在下卦之上，以陰居陽，以柔承剛，「有轉否之機」〔註107〕矣。其曰「包羞」，非聽陰邪之為者，本與同體，已居其上，未能頓消否道。蓋其羞也，有含垢忍恥以待機會之意，故不言凶咎。三，陰爻。初以得正而吉，二以得中而吉，六三不中不正，不能從上陽剛以成休否之事，故曰「位不當也」。

九四：有命无咎，疇離祉。　《象》曰：「有命无咎」，志行也。

述曰：四變巽為命，命謂五所命也。否過乎中，將濟之時。四以陽剛健體，受九五大君之命，足以輔上濟否矣。然當君道方否之時，處多懼之地，動易獲咎。〔註108〕四為首復之陽，以剛居柔，其所以處否者无咎也。《九家易》曰：「以據三陰，故『无咎』。『疇』者，類也。四應初據三，與二同功，故陰類皆『離祉』也。離，附；祉，福也。陰皆附之，故曰有福，謂下三陰離受四之福。」〔註109〕

〔註102〕劉濂《易象解》卷一《否》：「坤為腹，『包』象。」（《四庫全書存目叢書》經部第 4 冊，第 256 頁）

〔註103〕李鼎祚《周易集解》卷四《否》。

〔註104〕李鼎祚《周易集解》卷四《否》。

〔註105〕熊過《周易象旨決錄》卷一《否》。

〔註106〕熊過《周易象旨決錄》卷一《否》。

〔註107〕章潢《周易象義》卷一《否》。

〔註108〕程《傳》：

　　　四以陽剛健體，居近君之位，是有濟否之才而得高位者也，足以輔上濟否。然當君道方否之時，處逼近之地，所惡在居功取忌而已。

〔註109〕李鼎祚《周易集解》卷四《否》。

「『有命无咎』，志行也」，「謂志行於群陰也」〔註110〕。雖其有命，行而有咎，三陰未順，何以志行？故《復》曰「動而以順行，是以出入無疾，朋來无咎」也。朋亦指五陰。

或以四入乾體，小之來者自此而往，大之往者自此而來，轉《否》為《泰》之機為有命。〔註111〕「呂仲木曰：『若歸諸天命，則不可言志行，又豈君子持否之心哉？』」〔註112〕

九五：休否，大人吉。其亡其亡，繫於苞桑。 《象》曰：「大人」之「吉」，位正當也。

述曰：《否》之九四已「有命」「志行」，九五陽居尊位，有「休否」之象。〔註113〕「人依木息曰休。」〔註114〕否者消卦，以陰消陽。〔註115〕九五當陽，轉旋世道，能休息天下之否，以循至於泰，猶未離於否也。〔註116〕若休而復來，只轉盼呼吸之間耳。惟大人而後能保其吉，故曰「大人吉」。大人當休否之時，常懷危懼之心，常虞否之復來。曰其亡矣，其亡矣，其繫於苞桑，謂為安固之道，如維繫於苞桑也。「休否」尚未至於泰，到「繫於苞桑」則泰矣。

汝吉曰：「五剛中正，時否居休，與時遵養，與之優游。四凶在朝，見而弗堲；元愷在下，見之弗亟。夫非帝者之時乎？有否焉，舉天下而並休息之也。微大人正位天德，變化闔闢，有幾有式，其孰能面稽天若休否而吉也哉？大人乾德，常懷恐懼。其亡其亡，危之至也。乃能以生德下復，固國祚於苞桑。彼以怠豫無猷為為休者，益以否爾。」

《象》曰此與六二相慮。六二曰「大人否，亨」，此曰「『大人』之『吉』，位正當也」，「大人具乾剛之德，此爻位正當之，所以休否而吉也」〔註117〕。

〔註110〕李鼎祚《周易集解》卷四《否》，荀爽之說。
〔註111〕趙汝楳《周易輯聞》卷二《否》：「小之來者自此而往，大之往者自此當復。不交者，有復交之漸，實轉《否》為《泰》之機。」
〔註112〕熊過《周易象旨決錄》卷一《否》。原出（明）呂柟《周易說翼》卷一《否》。
〔註113〕章潢《周易象義》卷一《否》：
　　　　九五陽剛中正，其於否也，在九四已「有命」「志行」，故正位乾體，有「休否」之象。
〔註114〕熊過《周易象旨決錄》卷一《否》。
〔註115〕李鼎祚《周易集解》卷四《否》：「《九家易》曰：『否者消卦，陰欲消陽。』」
〔註116〕程《傳》：
　　　　五以陽剛中正之德居尊位，故能休息天下之否，大人之吉也。大人當位，能以其道休息天下之否，以循致於泰，猶未離於否也，故有『其亡』之戒。
〔註117〕章潢《周易象義》卷一《否》。

卦詞「否之匪人」，故「休否」必乾剛之大人。〔註118〕章氏曰：「『其亡其亡』，二、五交儆之謂。『繫於苞桑』，上下交也。」〔註119〕

敬仲曰：「休息否道〔註120〕，惟大人則吉，非大人則否，亦未易休。大人得道大全」〔註121〕，應時乘乾，萬物快覩，群陰退伏，故為「休否」。程《傳》：「不居正當之位，雖有大人之道，將何為乎？故聖人之位謂之大寶。」〔註122〕

上九：傾否，先否後喜。　《象》曰：否終則傾，何可長也！

述曰：上九否極，以陽居之，則德浸長而為《泰》也。否未終，尚當漸圖，終則直言「傾否」，方未傾時，否猶故存。及其既傾，而後喜可知也。「先否後喜」，則又自「其亡其亡」戒懼中來。汝吉曰：「否既終矣，塞且通矣，剛德乘之，諸否惡之，積可危、可慮、可諱惡者可一決而去矣。夫否而蓄諸憂也，終則自傾，無有存者，可無喜乎？何也？塞意亡而泰也。」

「尹和靖曰：『《易》之道如日星，但患於理未精。失其機會，即暗於理者也。問：所謂機會，豈非當泰之時，便可裁成輔相；當否時，便可儉德辟難否？曰：非也。易逆數也。若是其時，人誰不會如此做？正在未到《泰》之上六，便要知泰將極；未到《否》之上九，便知否欲傾也。此謂機會。』」〔註123〕

否、泰天道，在泰思保，在否思泰，盡人事以斡旋氣運。君子所以關世道，否、泰同也。「儉德辟難」，以存吾道；不榮寵祿，志在濟時。豈為保身堅隱哉？「拔茅」以集君子之勢，「包承」以移其不肖之心，而且「包羞」以俟其可乘之間。至於「有命」，否道將消，猶必處之「无咎」，使群陰並離其福而後志行，

〔註118〕章潢《周易象義》卷一《否》：「觀『休否』必乾剛之大人，則卦辭『否之匪人』不當疑其為衍文矣。」
〔註119〕章潢《周易象義》未見此語。
〔註120〕「道」，《楊氏易傳》作「禍」。
〔註121〕楊簡《楊氏易傳》卷六《否》。
〔註122〕程《傳》：「無其位，則雖有其道，將何為乎？故聖人之位謂之大寶。」
　　　　另，楊簡《楊氏易傳》卷六《否》：
　　　　《象》曰『『大人之吉』，位正當也」者，言有大人之道，而不居正當之位，則權不自己，亦無大功。
〔註123〕胡廣《周易大全》卷五《否》。
　　　　按：（宋）尹焞《和靖集》卷三《題蜀本周易後》：「《易》之道如日星，但患於理未精。失於機會，則暗於理者也。聖人復生，恐不易我之言。」
　　　　卷七《師說下》：「先生嘗書數句說《易》，曰：『《易》之道如日星，但患於理未精，失於機會則暗於理者也。聖人復生，恐不易吾之言。』祁寬問之，先生曰：『吾看《易》，運數也，故有是說。正在未到《泰》之上六，便要知泰之將極；未到《否》之上九，便要知否之欲傾也。」

至是始知小人之未始不可為君子，而亂之未始不可治也。然而其亡之戒拳拳焉，故知盡人回天在一念乾乾中矣。〔註124〕

劉伯子曰：「《否》，貞卦也，三陰皆貞德也。知否而否者，初也，貞德也。見小可行而不遽行者，二也，亦貞德也。濟時之念，易於從俗；求通之心，隣於欲速。躁於知者以射覆為真，躁於見者以闚觀為全，皆得其小，而不知德。時之所乘也。否之思泰，如冬日之望陽，如痿之不忘起也。二居下中而上應乎九五，疑其昧於時位而有急於自見之心，故於二示以『否亨』，而於五示以『休否』。下能群，故上能位。處小人之吉而後得大人之亨，爻之義微矣。」

六二爻，項氏曰：「《易》中稱『包』者，皆謂陽包陰也。《泰》之九二，君子自內而包外，故曰『包荒』。『荒』者，遠外名也。《否》之六二，君子自上而包下，小人在下承之，故曰『包承』。『承』者，下戴上之名也。《泰》之君子，固為光大；《否》之小人，亦足致吉者，以其得中，不為已甚之事也。然而君子當否之時，欲包小人而受其承，非有大人之道者不能於否中致亨也。入獸不亂群，入鳥不亂行，湼而不緇，磨而不磷，惟大人能之，故曰『大人否，亨，不亂群也』。乃若君子之常道，則為『儉德辟難』而已。《否》六二所稱之大人，即九五之大人也。凡木根眾而土深者謂之苞〔註125〕。九五以乾陽下包，而六二以坤土承之，故在五為『苞桑』，在二為『包承』。『包』字皆指五也。」〔註126〕

九四爻，項氏曰：「《否》之九四變初為《益》，天地變而風雷作，風雷皆命令之象，故為『有命』。當否之時，群陽將復，苟無天命，四雖有志，可若何哉？故曰『有命无咎，志行也』。否雖極亂，以有命而成。蓋〔註127〕命者，天之所令，君之所造也。道之興廢，豈非天耶？世之治亂，豈非君耶？」〔註128〕按：「《泰》九三於『无咎』之下言『有福』，《否》九四於『无咎』之下言『疇離祉』，二爻當天命之變，正君子補過之時也。《泰》之三知其將變，能脩人事以勝之，使在我者無可咎之事也，然後可以勿恤小人之孚，而自食

〔註124〕此一節見張振淵《周易說統》卷三，稱「吳一源曰」。
〔註125〕「苞」，《周易玩辭》作「包」。
〔註126〕項安世《周易玩辭》卷三《包荒包承苞桑》。
〔註127〕按：「蓋」似為「益」之誤。《周易玩辭》原作「《泰》雖極治，以命亂而成《蠱》；《否》雖極亂以有命而成《益》」。
〔註128〕項安世《周易玩辭》卷三《泰上六命亂否九四有命》。

君子之福也;《否》之四因其當變,能修人事以乘之,有可行之時而無可咎之事,則不獨為一己之利,又足為眾賢之祉也。是二者苟有咎焉,其禍可勝言哉!」〔註129〕

上九爻,項氏曰:「上九否既極矣,故否道傾覆而變也。」〔註130〕「傾者,倒也。否者,泰之倒體,否極則倒而成泰也。」〔註131〕「先極,否也。後傾,喜也。否終則必傾,豈有長否之理?然反危為安,易亂為治,必有剛陽之才而後能也。故《否》之上九則能傾否,《屯》之上六則不能變屯也。」〔註132〕按:「《泰》之上六,泰復為否;《否》之上九,否復為泰。聖人於泰之終,則追惟〔註133〕其所從來,曰『其命亂也』;於否之終,則幸其速去,曰『何可長也』。爻辭以『傾否』為喜,亦幸辭云。《易》以陰陽相交為喜,先不相交而後交矣,故曰『先否後喜』」〔註134〕。按:上九以傾否為先,以喜泰為後,言以剛陽之才佐剛陽之君,而能剛制其喜,而不敢先焉。如此則否終必泰,否不長否矣。君有「其亡其亡」之戒,臣有「先否後喜」之心,而後斯可以泰矣。〔註135〕

同人☲☰離下乾上

《象旨》:「坎、離皆乾坤之用。《易》至《同人》,十二卦,坎體凡六見矣。離自《需》、《訟》、《小畜》、《履》四卦互體見之。至《同人》,十三卦,而正離見。十四卦而後,離之用始與坎等。然離之用,隱者過半矣。聖人處憂患,而用明如此夫。」〔註136〕

〔註129〕項安世《周易玩辭》卷三《泰九三　否九四》。
〔註130〕按:見程頤《伊川易傳》卷二《否》。
〔註131〕按:見熊過《周易象旨決錄》卷一《否》。
〔註132〕按:見程頤《伊川易傳》卷二《否》。
〔註133〕「惟」,《周易玩辭》作「恨」。
〔註134〕按:見《周易玩辭》卷三《泰否上三爻》。
〔註135〕按:楊萬里《誠齋易傳》卷四《否》:
上九猶有懼心焉,以傾否為先,以喜泰為後,剛制其喜,而不敢先焉,如此則否終必泰,否不長否矣。君有「其亡其亡」之戒,臣有「先否後喜」之心。
〔註136〕見熊過《周易象旨決錄》卷二《同人》。
按:胡炳文《周易本義通釋》卷一《同人》:
坎、離皆乾坤之用,《易》至此,十二卦,坎體於此始見焉。《需》、《訟》、《小畜》、《履》四卦互離。至《同人》、《大有》而見離體,凡六,離之用與坎等矣。

鄭玄曰：「乾為天，離為火。卦體有巽，巽為風。天在上，火炎上而從之，是其性同於天也。火得風，然後炎上益熾。是猶人君在上，施政教，使天下之人和同而事之，以是為人和。同者，君之所為也，故謂之『同人』。風行無所不徧，徧則會通之德大行，故曰『同人於野，亨』。」〔註137〕

金賁亨曰：「此卦《彖》以大同為義，爻以擇所同為義。」〔註138〕

同人於野，亨。利涉大川，利君子貞。

《彖》曰：同人，柔得位得中而應乎乾，曰同人。同人曰「同人於野，亨，利涉大川」，乾行也。文明以健，中正而應，君子正也。唯君子為能通天下之志。

述曰：鄭玄曰：「野喻廣遠，言和同於人，必須寬廣，乃得亨通。與人同心，足以濟難，故『利涉大川』。與人同利，易涉邪僻，故『利君子貞』。」〔註139〕

「『同人，柔得位得中而應乎乾，曰同人』，指二之同乎九五也。五，外卦，野之象也。」〔註140〕二為同人之主〔註141〕，能「同人於野」，則無所不同，始為亨，始可以涉大川，此乃乾體之所行，非二之所能也，故特言「同人」。曰乾者，剛健之勢與剛健之德合也。離不得乾，豈能致如此廣大之事業！〔註142〕何謂「利君子貞」，離為文明，乾為健，六二居中得正，上應九五中正。曰「文明」則不迷於非幾也，可以見柔中之美；曰「健」則不撓於萬變也，可以見剛德之善；曰「中正以應」，則不牽於邪僻也，可以見剛柔正合之妙。此乃君子之正也。〔註143〕惟君子能以其正道，通天下之志而大同於人也。「亨」與

〔註137〕見李鼎祚《周易集解》卷四《同人》、李衡《周易義海撮要》卷二《同人》。
〔註138〕金賁亨《學易記》卷二《同人》：「大抵《彖》以大同為義，爻以擇所同為義。」
〔註139〕李衡《周易義海撮要》卷二《同人》。
　　　　按孔《疏》：
　　　　　　「於野，亨」者，野是廣遠之處，借其野名，喻其廣遠，言和同於人，必須寬廣，無所不同。用心無私，處非近狹，遠至於野，乃得亨進，故云「同人於野，亨」。與人同心，足以涉難，故曰「利涉大川」也。與人和同，義涉邪僻，故「利君子貞」也。
　　　　似非鄭玄之說。
〔註140〕見熊過《周易象旨決錄》卷二《同人》。
〔註141〕王《注》。
〔註142〕楊簡《楊氏易傳》卷六《同人》：
　　　　　　「同人於野」，則無所不同，始為亨通，始可以涉大川，濟險難，此乃乾體之所行，非人臣之事。人臣豈能致如此廣大之事業！
〔註143〕朱長文《易經解·同人》：

「利涉大川」皆本於此，〔註144〕總謂之「乾行」。

程《傳》：「天下之志萬殊，而理一也。君子明理，故『能通天下之志』。聖人視億兆之心猶一心者，通於理而已。文明則能燭理，故能明大同之義；剛健則能克己，故能盡大同之道。然後能中正合乎乾行也。」

質卿〔註145〕曰：「同人之道，貴公不貴私，貴廣不貴狹，故『同人於野』則亨於野，取遠與外之義，無所障礙之象也。必無障礙，即不同乎一人，而非所以為隘；即大同乎千人萬人，而非所以為廣。如是則盡乎。大地之內皆融徹之境，而德大行，故曰『同人於野，亨』。」

彭山曰：「此言『利涉大川』，於卦象無所取，但卦中有此義耳。後凡言涉川，多有不取卦象者，皆此類也。」〔註146〕楊廷秀曰：「君子以正相同，則天下之志正者感而通，不正者化而通焉。」〔註147〕趙汝楳曰：「人心莫不有此正。此正相通，不約而同也。故苟得其正，雖胡越可使同心。不然，則父子兄弟亦有不通者。」〔註148〕

「通天下之志」，所謂「志」者，一於正而已。「通」字正與「志」字對。潛運默行，金石不能間，水火不能隔也。人心天機動處，止有這正理一條路數，更無別地他岐，可以多方雜出。雖欲強自閉隔，其道無由，故能通之而無間。惟通其志，纔謂之同，志一不通，雖終日相與適，謂之異。〔註149〕

蘇氏曰：「『同人於野』，『野』者，無人之地也。立於無人之地，則同我者

蓋大公無私，以蹈險難，非乾行不能。文明則不迷於非幾，柔中之美也；健則不撓於萬變剛，德之善也；中正以應則不牽於邪僻，剛柔相合之妙也。君子合天下如一心，惟其正而已。

〔註144〕季本《易學四同》卷三《彖象爻上傳》：「『亨』與『利涉大川』皆本於此陽剛用事，故曰『利君子貞』。」

〔註145〕朱彝尊《經義考》卷五十九著錄顏素《易研》六卷。引曹溶之說，稱：「顏素字質卿，懷寧人，萬曆甲戌進士。《易研》六卷，朱之蕃序之。」

〔註146〕見季本《易學四同》卷一《同人》。

〔註147〕見楊萬里《誠齋易傳》卷四《同人》。

〔註148〕趙汝楳《周易輯聞》卷二《同人》：

人心莫不有此正。正正胥通，不約而同也。故苟得其正，雖胡越可使同心。不然，則父子兄弟亦有不通者。

〔註149〕張振淵《周易說統》卷三《同人》：

吳因之曰：「『通』字正與『志』字對。潛運默行，金石不能隔也，人心□□。動處只有這正理一條路數，更無別地他岐，可以多方雜出。□心強自閉隔，其道無由，故能通之而無間。惟通其志，纔謂之同。志一不通，雖終日相與，適謂之異而已。」

皆誠同也。彼非誠同，而能從我於野哉？故『利涉大川』。苟不得其誠同，與之俱安則合，與之涉川則潰矣。涉川而不潰者，誠同故也。」〔註150〕

《同人》、《大有》皆主離之一陰。《大有》之陰在五，而上下五陽皆為所有，故曰「元亨」。《同人》之陰在二，而上下五陽皆欲同之，故曰「亨」、曰「利」。〔註151〕「君子貞」，劉伯子曰：「《易》以《比》與《同人》名卦。《比》同最易溺於情而難於貞也。比者，坎一陽在五，為眾陰所比，而坎陽中正，故卦辭曰『元永貞』。《同人》離一陰在二，為眾陽所同而離陰中正，故卦辭曰『利君子貞』。惟其貞也，此所以為『顯比之吉』，而比即周；所以為於野之同，而同即和也。」

《象》曰：天與火，同人。君子以類族辨物。

述曰：程子云：「不曰天下有火、火在天下，而曰『天與火』者，天覆於上，火炎於上，是天與火相同也。」〔註152〕天與水相違則為訟，天與火相同則為同人。天與火同於陽、同於上，而「君子以類族辨物」者，異中之同也。蓋象天之兼覆、火之鑒形。天火相同於上，萬物相見於下，燦然有辨矣。汝吉曰：「人之與人同也。類以類聚，群以族群，非類不聚，非族不群，故人不昵非類，神不歆非族者，天也。君子明於物，則各以其類族辨焉。類同相邇，異使相遠，族同斯群，不同斯分。別宜分類，選賢與能，同而異也，豈智計也哉？」

吳因之曰：「惟『類族辨物』，則零碎看來，各以其品類自相會聚，此是零碎同處總來。人各安其分，物各止其所，再無僭亂乖爭，再無瀆擾侵害，穆穆熙熙，又是大段同處。」〔註153〕

〔註150〕蘇軾《東坡易傳》卷二《同人》：
　　野者，無求之地也。立於無求之地，則凡從我者，皆誠同。彼非誠同，而能從我於野哉？同人而不得其誠同，可謂同人乎？故天與人同。物之能同於天者蓋寡矣。天非求同於物，非求不同於物也。立乎上，而天下之能同者自至焉。其不能者，不至也。至者非我援之，不至者非我拒之。不拒不援，是以得其誠同，而可以涉川也。故曰「同人於野，亨。利涉大川，乾行也」。苟不得其誠同，與之居安則合，與之涉川則潰矣。涉川而不潰者，誠同也。
〔註151〕熊過《周易象旨決錄》卷二《同人》：
　　《同人》、《大有》皆五陽而一陰主之。《大有》之陰在五，故曰「元吉」。《同人》之陰在二而群陽宗之，則曰「亨」、曰「利」。
〔註152〕程《傳》：「不云火在天下、天下有火，而云『天與火』者，天於上，火性炎上，火與天同，故為同人之義。」
〔註153〕又見張振淵《周易說統》卷三《同人》。

初九：同人於門，无咎。 《象》曰：出門同人，又誰咎也？

述曰：王《註》：「居同人之始，為同人之首者也。無應於上，心無繫吝，通夫大同，出門皆同，故曰『同人於門』也。『出門同人』，誰與為咎？」彭山曰：「『門』非與『野』相對而為二義也。『於野』本同人之德言。同人不必言於野矣。而『於門』則以動之初言也。陽剛在動〔註154〕初，乃天理之本體。同人之德，皆根於此，故『无咎』也。」〔註155〕《象旨》：「初前遇六，偶為門象。」〔註156〕

崔憬曰：「剛而無應，比二以柔，近同於人，出門之象，『又誰咎』也。」〔註157〕

出門同人，則人既同矣，又誰咎之？此《同人》初九所以无咎也。「不節之嗟」，則知節於將來矣，又誰咎之？此《節》九三所以无咎也。

吳因之曰：「初之『於門』，即所謂『於野』者也。二『於宗』，則失於野之公矣。五之『後笑』，正以其為『君子貞』也。三『伏戎』，四『乘墉』，則非君子之正矣。同人而不公不正，不如無同，故上以『於郊』免悔。」

六二：同人於宗，吝。 《象》曰：「同人於宗」，吝道也。

述曰：六二文明中正之德，上應九五，此同人之所以為同人也。〔註158〕以其柔體，去五尚遠，而近繫同體之陽，有「同人於宗」之象。彭山曰：「二本美德，而為比所動，未遂其上應中直之願，故曰吝也。」〔註159〕觀五以不得同二而號咷，則二之情可知矣。五陽剛，能以大師克三、四之間而遇二。二雖柔克，不能勝剛，能無羞吝乎？卦以六二為成卦之主，而所以『同人於野，亨，利涉大川』，是乾之所行也，非二之所能為也，故曰「吝道也」，非以偏繫所應為吝也。

劉伯子曰：「『於門』，同之初也。『於野』，同之至也。『於宗』，異之始而爭之首也。乘墉、伏莽，起於於宗。得位得中，而應乎乾，二之德也。『於宗』，

〔註154〕「動」，《易學四同》無。
〔註155〕見季本《易學四同》卷一《同人》。
〔註156〕見熊過《周易象旨決錄》卷二《同人》。
〔註157〕見李鼎祚《周易集解》卷四《同人》。
〔註158〕季本《易學四同》卷一《同人》：

六二以文明中正之德，上應九五，內明而外健，又中正相應，無一毫私欲之於此，同人之所以為同人也。

〔註159〕季本《易學四同》卷一《同人》：「蓋二本美德，而為三所動，本體中直，不免於有羞耳，故曰吝也。」

非二之德也，戒也。二乘承皆剛，而又同體，有自環之象，故戒之。以私而進之於公，其於《象》正相發而非有二義也。夫《比》初與三為私應，五為公，以應五為吝，失其旨矣。」〔註160〕

二之德，《象》具矣。「利君子貞」，亦微有戒辭焉。「於宗吝」，即「利君子貞」之旨，而明告者也。

九三：伏戎於莽，升其高陵，三歲不興。　《象》曰：「伏戎於莽」，敵剛也。「三歲不興」，安行也。

述曰：王《註》：「居同人之際，履下卦之極，不能包弘上下，通夫大同，物黨相分，欲乖其道，貪於所比，據上之應，其敵剛健，非力所當。故『伏戎於莽』，不敢顯亢也。『升其高陵』，望不敢進，量斯勢也，三歲不能興者也。『三歲不興』，則五道亦以成矣，安所行焉？」

《象旨》：「三互巽，為伏。離為兵戈，伏戎之象。巽又為草木，林莽象。居下體之上，故謂之高陵。有憑上之志，故謂之升。爻在三，乾為歲，故『三歲不興』。」〔註161〕「不曰凶者，既不敢發，故不至凶。」〔註162〕劉濂曰：「九三過剛不中，上無正應，惟二一陰欲近比而同之，又懼九五大師之攻，乃伏藏於林莽之中，陞於高陵之上，三歲之久，終不敢興。其象如此。」〔註163〕項氏曰：「『伏戎於莽』，處下卦也。『升其高陵』，望上卦也。『三歲不興』，終不與五爭也。『安行』者，安分而行也。始望而終安之，故不言凶。」〔註164〕

〔註160〕張振淵《周易說統》卷三《同人》：
　　劉伯子曰：「『於門』，同之初也。『於野』，同之至也。『於宗』，異之始而爭之首也。乘墉、伏莽，起於『於宗』。得中而應乎乾，二之德也。『於宗』，非二之得也，戒也。二承乘皆剛，而又同體，有自環之象，故戒之。以私而進之於公，即『利君於貞』之旨，而明告者也。」
〔註161〕熊過《周易象旨決錄》卷二《同人》：
　　三互巽，為伏；互離，兵戈，伏戎之象。巽又為草木。二，成巽之主也。巽為股，為高，象升高。三動互艮山，象高陵。蓋龍斷而左右望也。三與二相比，欲同人焉，不慮二不從，而忌五得二，隱兵於二，將上襲五，故升高而伺，遂與為敵。然五剛中正而卒，不可與爭。爻在三，乾為歲，故「三歲不興，安可行也」。
〔註162〕程《傳》。
〔註163〕劉濂《易象解》卷一《同人》（《四庫全書存目叢書》經部第 4 冊，第 257 頁）：
　　九三過剛不中，上無正應，惟二一陰欲近比而同之，又懼九五大師之□攻，乃伏藏於林莽之中，至於三歲之久，終不敢興。故其象如此。
〔註164〕見項安世《周易玩辭》卷三《同人九三》。

貞則同，不貞則不同。三因同而覬，四因同而攻，皆起於不貞。〔註165〕故卦惟三、四不言同人。

九四：乘其墉，弗克攻，吉。 《象》曰：「乘其墉」，義弗克也。其吉，則困而反則也。

述曰：九四剛不中正，又無應與，亦欲同於六二，而為三所隔。然起憑陵之心焉，有「乘其墉」之象。《象旨》：「離二中虛外周，象『墉』。九三為六二之墉。乘三之墉，將攻而取之，其才陽也，而處九三之上，故『乘其墉』；其位陰也，而處九五之下，故不克攻而吉。」〔註166〕敬仲曰：夫乘墉，力亦強矣。其「弗克攻」，乃以非正應，非義而動，人心不從，鬼神不祐，自不克也。既不克攻矣，故吉。其所以得吉者，困而反乎法則也。於此見知困為善機，而不遂非之為貴也。〔註167〕理齋曰：「於義不克，故困，則義理之不可踰者困於不義，反於義矣，故吉。」

吳因之曰：「三『不興』，特阻於勢，故不見與。四之『弗克』，則審於理，故與之吉。正與《訟》之九二、九四同。」

王《註》：「處上攻下，力能乘墉者也。履非其位，以與人爭，二自五應，三非犯己，攻三求二，尤而傚之，違義傷理，眾所不與，故雖乘墉而不克也。不克則反，反則得吉也。不克乃反，其所以得吉，『困而反則』者也。」

劉伯子曰：「曷為乎攻？欲也。在三之上，勢易逞也。卒以近君多懼，不克而反。故知居上好凌，所以爭也；居下憚上，所以戢也。」

〔註165〕張獻翼《讀易紀聞》卷二《同人》：「貞則同，不貞則不同。諸爻或因同而吝，或因同而懼，或因同而攻，或因同而克，皆起於不貞。」
〔註166〕熊過《周易象旨決錄》卷二《同人》：
　　　　　二離中虛外周，象墉。九三為六二之墉。九四亦欲得二，乘二之墉，將攻而取之，其材陽也；「弗克攻」者，其位陰也。
〔註167〕楊簡《楊氏易傳》卷六《同人》：
　　　　　其「弗克攻」，乃以非正應，非義而往，人心不從，鬼神不祐，自弗克也。雖非本心，然既弗攻矣，其事反於典則矣，亦吉。困而反則者尚能獲吉，而況於誠心反則者乎？
　　　　　張振淵《周易說統》卷三《同人》：
　　　　　夫曰乘墉，力亦強矣。攻何以「弗克攻」？乃以非正應，而義有所不可，非屈於力而實屈於義也。夫義有所不可，而恃力以逞，祇見其為凶咎之歸耳。其吉則在困而知反義，即「同人之則」。困於不義，因反於義，則改過之勇、知幾之哲，兩得之矣，故吉。於此見知困為善機，而不遂非之為貴也。

九五：同人先號咷而後笑，大師克相遇。 《象》曰：同人之先，以中直也。大師相遇，言相剋也。

述曰：九，陽位。五居中得正，同二之道，裕矣。三、四為間，故有「先號咷」之象。以其中心義直，終必得同，故有「後笑」之象。三、四皆剛，曰「伏莽」、曰「乘墉」，非易克者。九五乾剛，為能克之，故有「大師克相遇」之象。「克」者，理直而勝也。既克三、四，而忽遇二，喜之之詞。〔註168〕汝吉曰：「同人之時，莫危於間也。二、五同心，物猶間之，況其他乎！君臣、父子、兄弟之間，以間而離者多矣。九五剛德，中心義直，絕訛與疑，用大師克之而濟也。微大師，豈能克哉？微克，豈有遇哉？五失所同而悲，象號咷。遂所同而喜，象笑。始間而終合，幾在自克。『大師克相遇』，語自克也。自克則能同人矣。」《紀聞》曰：「師莫大於君心，而兵革為小；克莫難於小人，而敵國為易。」〔註169〕

卦以二、五中正而相應，名同人，故九五言同人，蓋二柔不能勝三、四剛強之間以同五，五剛中正能勝三、四之不中不正者以同二。《彖》以「同人於野」歸之「乾行」者以此。《象》曰「同人之先」，指二也。「中」謂居下卦之中。「直」，坤爻之德也。〔註170〕九三、九四下欲奪六二之上應，上欲間九五之下應，豈惟六二中而不貳。微九五中直而不疑，臣亦豈能自信於君哉？質卿曰〔註171〕：「不用大師，何以克三、四之強？不至於必克，何以遂同心之遇？不至於相遇，何以慰號咷之情？必如是，而後為『同人於野』，合卦名之德也。」

劉伯子曰：「五之號咷而笑，克而相遇，皆中也。中者，二、五同然也。使二以應五為吝，則五之應二不得言中直矣；知五之為中直，則二之吝非應五也，斷可識矣。」

〔註168〕熊過《周易象旨決錄》卷二《同人》：「克敵而忽遇，喜之辭。」

〔註169〕按：張獻翼《讀易紀聞》卷二《同人》：「故師莫大於君心，而兵革為小；克莫難於小人，而敵國為易。」此語早見於楊萬里《誠齋易傳》卷四《同人》。因，張獻翼不言係引用，故《讀易述》稱《紀聞》曰」。

〔註170〕熊過《周易象旨決錄》卷二《同人》：
　　畫卦者先下「同人之先」，指二也。「中」謂居下卦之中。「直」，坤爻之德也。

〔註171〕張振淵《周易說統》卷三《同人》：
質卿曰：「不用大師，何以克三、四之強？不至於必克，何以遂同心之遇？不至於相遇，何以慰號咷之情？曰克、曰大師，比小人於寇敵，可見去之之難矣。夫小人而可持以優游不斷之意哉？」

上九：同人於郊，無悔。　《象》曰：「同人於郊」，志未得也。

述曰：「同人於郊」，不用而在外之象。卜子夏曰〔註172〕：「居外已過其同，無與同者，爭患之禍則免矣。求同之〔註173〕，可得乎？」「爻詞凡『同人』者，無繫應也。」敬仲曰〔註174〕：「雖無三、四之爭，亦無九五號咷相剋之難，相遇之笑，亦無悔尤，志亦未為得也。居遠外避悔咎，未為同人之大道。」《紀聞》曰：「『志未得』乃《象傳》論上九之意。若上九，則自無悔也。」

《象旨》〔註175〕：「『郊』者，俞氏指邑外為郊在野內。內體言五去二遠為野，外體言上去五近為郊。同人之世，物情未能無爭。五雖同體，而自處其上，其為同人，功過俱亡，故『無悔』而已，其何以通天下之志哉？『志未得』與『通天下之志』正反。」

楊氏曰〔註176〕：「郊野一也。『同人於野』，為亨，為利；『同人於郊』，止於『無悔』。其未得志者，上九居一卦之外而無位，雖欲同人，而人皆同乎九五矣，誰我同者？故曰『志未得也』。君子之於人，異勿處先，同勿處後。」

王《註》：「凡處同人而不泰焉，則必用師矣。不能大通，則各私其黨而求利焉。楚人亡弓，不能忘楚。愛國愈甚，益為他災。是以同人不弘，剛健之爻，皆至用師也。」孔《疏》：「此乃統論《同人》一卦之義。去初、上而言。」

《彖》曰，項氏曰：「『同人曰同人於野，亨』，此句當連上文解之。其說謂柔得位得中而應乎乾，故其卦曰同人，而同人之爻又曰『同人於野，亨』也。蓋本之以中正而無邪，行之以剛健而無欲，故能忘己而同人，又能忘人而同於野也，故以兩『曰』字明之。先儒皆以連下文，故其說不通。下文『利涉大川，乾行也』，獨以『健行』二字解『利涉』一句耳。乾在外，故曰『乾行』，言出於外，健則能涉也。」〔註177〕故「《象》以『利涉大川』為『乾行』，明利涉者乾也，非離也。離有伏坎在下，為川，又有互巽在上，為舟。雖有涉川之象，然非乾之健行不能以利涉也。訟，天與水違行，故不利涉；同人，天與火同，故利涉。未有違天而可濟者也，未有不健而能濟者也」〔註178〕。「『文明以健』，則其健也非妄行；『中正而應』，則其應也非私繫。發之以明，行之以公，此君

〔註172〕下兩條見李衡《周易義海撮要》卷二《同人》。
〔註173〕此處《周易義海撮要》有「志」。
〔註174〕見楊簡《楊氏易傳》卷六《同人》。
〔註175〕見熊過《周易象旨決錄》卷二《同人》。
〔註176〕見楊萬里《誠齋易傳》卷四《同人》。
〔註177〕見項安世《周易玩辭》卷三《同人曰同人於野亨》。
〔註178〕見項安世《周易玩辭》卷三《利涉大川乾行也》。

子所以合天下之志而正夫一也，同人之道〔註179〕矣。」〔註180〕

項氏按：「《同人》以一柔為主，徒柔不能以同乎人也，必以天德行之，故雖得位得中，而必用乎乾，乃可謂之同人。至於『利涉大川』，則又曰此乾也，明非柔之所能辦也。凡卦以柔為主者皆然。《履》之六三，不能以自亨也，必曰『應乎乾，是以履虎尾，不咥人，亨』；《小畜》之六四，不能以自亨也，必曰『剛中而志行，乃亨』；《大有》之六五，不能以自亨也，必曰『應乎天而時行，是以元亨』。凡此皆柔為卦主，而其濟也必稱乾焉，此乾之所以為大歟？」〔註181〕再按下卦：「大有與本卦皆以離之中爻為主，而以乾為應者也。《同人》離在下，以德為主，故曰『應乎乾』者，應其德；《大有》離在上，以位為主，故曰『應乎天而時行』者，應其命也。《履》兌在下，曰『應乎乾』。《大畜》艮在上，曰『應乎天』。亦卦例也。」〔註182〕「《易》中卦辭有『利涉大川』者八卦，非乾則巽。蓋北方屬水，乾行涉之；海居東南，巽木涉之。《需》、《訟》、《同人》、《大畜》四卦，皆以乾行為象者也。《需》之乾自下而上，故曰『利涉大川，往有功也』；《訟》違乾而下行，故曰『不利涉大川，入於淵也』；《同人》曰『乾行』；《大畜》曰『應乎天』；皆專以乾為訓也。《蠱》、《益》、《渙》、《中孚》四卦，皆以巽木為象者也。《蠱》之巽自下而往，故曰『往有事也』；《益》自震而巽，二木相繼，故曰『木道乃行』；《渙》曰『乘木有功』；《中孚》曰『乘木舟虛』；皆專以巽為訓也。《頤》之爻辭，六五以柔，『不可涉大川』；上九以剛，『利涉大川』；亦四卦取乾之義也。《謙》之爻辭，初六『用涉大川』，以至二、四有坎為川，然以無乾、巽，不得言『利涉』也。」〔註183〕

九四爻，項氏曰：「乘其墉，則非力之不足也，特以義之弗克而不攻耳。言能顧義知困，而反於法則，故吉。蓋六二，眾陽所同欲也。獨三四有爭奪之義，二爻居二、五之間也，初終遠，故取義別。〔註184〕觀此則知《訟》

〔註179〕此處《周易玩辭》有「莫利於斯」。

〔註180〕見項安世《周易玩辭》卷三《文明以健中正而應》。

〔註181〕見項安世《周易玩辭》卷三《應乎乾　乾行也》。

〔註182〕見項安世《周易玩辭》卷三《同人應乎乾大有應乎天》。「大有與本卦」，《周易玩辭》作「兩卦」。

〔註183〕見項安世《周易玩辭》卷三《利涉大川》。

〔註184〕按：此一部分似參考程頤《伊川易傳》卷二《同人》，曰：

所以「乘其墉」而「弗剋攻」之者，以其義之弗剋也。以邪攻正，義不勝也。其所以得吉者，由其義不勝困窮，而反於法則也。二者，眾陽所同欲也，獨三、四有爭奪之義者。二爻居二、五之間也，初終遠，故取義別。

卦九二之『不克訟』，亦非不勝而歸。蓋九二居中履柔，能自反而逃其患也。
凡爻言不克者，皆陽居陰位，惟其陽，故有訟、有攻；惟其陰，故不克訟、
不克攻。《訟》之九二、九四，《同人》之九四，皆是物也。」〔註185〕可例
見矣。

大有䷍乾下離上

蔡清曰：「火在天上，無所不照。有如四海九州，皆在其照臨之下者，所
有之大也。六五一陰居尊得中，而五陽應之。陽為大，五陽皆我所有，故卦名
大有。」〔註186〕

伯子曰：「卦皆陽也，而虛其五，天位不居，天德若虛，故曰大有。有者，
坤之五也。易陽為大，五豈大與？曰：五，坤之正中，正位居體，而不自有，
以應乾也。以其不有，而成大有者，其五乎？」

大有：元亨。

《彖》曰：大有，柔得尊位，大中而上下應之，曰大有。其德剛健而文明，應
乎天而時行，是以「元亨」。

述曰：彭山曰：「大主陽言，以其柔得剛，而諸陽應也。」〔註187〕夫莫大
乎乾之健，莫大乎離之明。五以離日當中而行乎天，諸陽至大，皆其所有也，
故「大有，元亨」。〔註188〕

姚光祚曰：「於卦象見一人照臨萬國之義，於卦體見四海會歸一人之義，
故名『大有』。『元亨』者，事得其理，民得其安，治化四達，海宇清謐，王業

〔註185〕項安世《周易玩辭》卷三《弗克攻》：

《象》恐人以「弗克攻「為力之弱，故釋之曰」義弗克也」。又曰「困而
反則也」，言能顧義知困，復循乾則，此即《春秋》襃弗克納之義也。觀此，
則知九二之「不克訟」，亦非不勝而歸。蓋九二居中履柔，能自反而逃其患也。
凡爻言不克者，皆陽居陰位。惟其陽，故有訟、有攻；惟其陰，故不克訟、
弗克攻。《訟》之九二、九四，《同人》之九四，皆是物也。

〔註186〕蔡清《易經蒙引》卷二下《大有》：

火在天上，無所不照，有如四海九州，皆在其照臨之下者，所有之大也。
又六五一陰居尊得中，而五陽應之，是五陽皆為一陰所有，亦所有者大也。

〔註187〕見季本《易學四同》卷一《大有》。

〔註188〕章潢《周易象義》卷一《大有》：

乾下離上，大有卦，取火在天上，無所不照。五陽至大，一陰得而有之，
故為大有。夫莫大乎乾之健，莫大乎離之明。大明在乎天上，五陽應乎一陰，
是一陰之所有者，何其大也，故大有元亨，而天下之大亨在是矣。

永保而無疆也。

　五，德位兼隆之地，故位曰『尊位』，中曰『大中』，與《同人》六二之得位得中者不同矣。諸陽群往君宗之上下應也離在上，以位為主，有其位，有其德，又有其時，所以為大有。『剛健』，剛不息也。『文明』，明得中也。」項氏曰：「先剛〔註189〕後明，秉天德以照萬事也。」〔註190〕「應乎天而時行」，虞翻謂「五以日應乾而行於天也」〔註191〕。卦雖主柔，而以言其德，有剛健文明之體，則以剛為主；有應天時行之妙，則得剛之助。此《大有》之所以「元亨」也。

　《象旨》：「何以謂之大中？五大而二小，以別之也。諸爻得位失位，並無凶咎，以其皆應五也。五雖得應，而才終柔，不足為主，必有待乎陽剛而後亨。《同人》履應其德，故曰乾；《大有》應其時，故曰天。《同人》曰『文明以健』，自明而誠者乎？《大有》曰『剛健而文明』，自誠而明者乎？」〔註192〕

　王《註》：「處尊以柔，居中以大，體無二陰以分其應，上下應之，靡所不納，大有之義也。德應於天，則行不失時矣。剛健不滯，文明不犯，應天則大，時行無違，是以『元亨』也。」

　楊廷秀曰：「《同人》、《大有》，一柔五剛均也。柔在下者，曰『得位』、曰『得中』、曰『應乎乾』，而為《同人》，我同乎彼之辭。柔在上者，曰『尊位』、曰『大中』、曰『上下應』，而為《大有》，我有其大之辭。」〔註193〕

　司馬君實曰：「夫柔而不明，則前有讒而不見，後有賊而不知；明而不健，則知善而不能舉，知惡而不能去。二者皆亡亂之端也。明以燭之，健以決之，居不失中，行不失時，然後能保有其眾，『元亨』也。」〔註194〕

《象》曰：火在天上，大有。君子以遏惡揚善，順天休命。

　述曰：大有，柔得尊位大中，得上下之應，可謂天之休命矣。何以順之？善者，天之心也；惡者，非天之心也。君子秉心，如天有日，惡無不見也，見無不癉也；善無不見也，見無不揚也。順天休美之命，所以治大有者也。火在天上，明照萬物，有別白善惡之象。有大者易混而無別，則孽蘗萌於其間，故

〔註189〕「剛」，《周易玩辭》作「健」。
〔註190〕見項安世《周易玩辭》卷三《同人文明以健　大有剛健而文明》。
〔註191〕見李鼎祚《周易集解》卷四《大有》。
〔註192〕見熊過《周易象旨決錄》卷二《大有》。
〔註193〕見楊萬里《誠齋易傳》卷四《大有》。
〔註194〕見司馬光《易說》卷二《大有》。

象斯義。卦中自有此象。〔註195〕

「《同人》明在下而不敢專,故止於類而辯。《大有》明在上而由己出,故極於遏而揚。」〔註196〕「『遏惡揚善』,離象;『順天休命』,乾象。」〔註197〕

李獻吉曰:「遏者,止之之義;而揚者,彰之之名也。火在天上,既無所不照,物無遯形,善惡必露。使遽賞罰之,則四海兆民勝罰之邪?又能盡爵之邪?故聖人不曰罰而曰遏,遏之又遏,則法行;不曰賞而曰揚,揚之又揚,則賞行。天命有善而無惡。又火在天上,故曰順天,言非有我者。遏之揚之,吾何心哉?」

初九:無交害,匪咎,艱則无咎。　《象》曰:大有初九,無交害也。

述曰:「何以謂之無交?蘇氏曰:『無應於四,無交於五也。二為五正應,三通於天子,四與上近焉。獨立無交者,初而已。』」〔註198〕大有貴交,以上下交孚為利,而初獨無交,則害。楊廷秀曰:「初九稟陽剛之資,不曰無德;逢大有之世,不曰無時;上有六五之主,不曰無君;下有眾陽之賢,不曰無類。然以無交而害者,孤遠在下故耳,非其咎也。」〔註199〕趙汝楳曰:「當上下皆應之時,己獨不能固,曰居位使然。猶當艱畏自持,歉然有不克奉上之懼,乃可无咎。若自以為咎不在我,而侈然怠肆,則咎將生矣。」〔註200〕《象》曰:「大有初九,無交害也。」「曰『大有』,則其時;曰『初九』,則其位。時位如此,是以無交害也。」〔註201〕

項氏曰:「《大有》與《同人》反對,《大有》之初九即《同人》之上九,皆遠於柔者也。故《同人》六爻,獨上九為不得志;《大有》六爻,獨初九為

〔註195〕楊簡《楊氏易傳》卷六《大有》:

　　柔得尊位大中,而上下應之,可謂天之休命矣。君子何以順之?善者,天之心也;惡者,非天之心也。惡不遏則亂則,民被其毒;善不揚則正道不行,民不被其澤。治亂安危之機,在善惡揚遏之間而已。火在天上,明照萬物,有別白善惡之象。以是知遏惡揚善,天道也。卦中自著此象。

〔註196〕見楊萬里《誠齋易傳》卷四《大有》。

〔註197〕見俞琰《周易集說》卷十一《象辭一》,稱「節齋蔡氏曰」。

　　按:此一節見張獻翼《讀易紀聞》卷二《大有》,不言係引用。潘氏當據《讀易紀聞》引錄。

〔註198〕見熊過《周易象旨決錄》卷二《大有》。

　　按:蘇軾之說見《東坡易傳》卷二《大有》。

〔註199〕見楊萬里《誠齋易傳》卷四《大有》。

〔註200〕見趙汝楳《周易輯聞》卷二《大有》。

〔註201〕見趙汝楳《周易輯聞》卷二《大有》。

『無交』。然而六二當同於人，在上九獨不見同，此二之吝，非上之傲也，故為『無悔』。六五受人之交，而初九獨不往交，則害於大倫矣，故為有害。然豈其咎哉？居勢適然，豈容強合？若能危行言遜，艱以自守，則雖無上下之交，亦足免於咎也。若以無交害為無害，則小人害也，亦可為小害乎？凡言害者，皆不利之名也。馮衍、梁鴻之在東漢，皆居大有而無交者也。衍退而自修，可以无咎。鴻作《五噫》之歌，為章帝所惡，則失於輕易，違初九克艱之義矣。」〔註202〕

九二：大車以載，有攸往，无咎。　《象》曰：「大車以載」，積中不敗也。

　　述曰：程《傳》：「九以陽剛居二，為六五之君所倚任，剛健則材勝，居柔則謙順，得中則無過，其德如此，所以能勝大有之任。如大車之材強壯，能勝載重物也，可以載之而往。」敬仲曰：「言車力之有餘，德之大者，無所不備，無所不濟，泛應曲當，通行而無礙，必无咎。」〔註203〕王《註》：「『大車以載』，任重而不危也。健不違中，為五所任。任重不危，致遠不泥，故可以往而无咎也。」

　　《象旨》：「坤，大輿，指輇，方能載者言。二體乾，稱大車，以全體言也。二虛足以受九剛，足以行，故象『大車以載』。『有攸往』，虞翻曰：『體剛用中，可以任重，有應於五，故所積皆中而不敗』，是也。」〔註204〕

　　《紀聞》曰：「蓋輇，輪輻之器，不厚不良者，非大車文武常變之用。不運不轉者，非大才。惟大車為能輕天下之至重，邇天下之至遐，夷天下之至險。大才亦然。積中不敗，所以『有攸往，无咎』也。」〔註205〕

九三：公用亨於天子，小人弗克。　《象》曰：「公用亨於天子」，小人害也。

　　述曰：三居下體之上，是諸侯君公之象。剛而得正，處大有之時，不以有自私，有亨象。乾體已盡，漸近離五，故為「亨於天子」之象。此本陽居陽位，故能爾。小人則重剛不中，故「弗克」也。《象旨》：「以四離，惡人，當三之

〔註202〕見項安世《周易玩辭》卷三《同人上九大有初九》。
〔註203〕見楊簡《楊氏易傳》卷六《大有》。
〔註204〕見熊過《周易象旨決錄》卷二《大有》。
〔註205〕見張獻翼《讀易紀聞》卷二《大有》。
　　按：此實源自楊萬里《誠齋易傳》卷四《大有》之說，曰：
　　　蓋輇，輪輻之器，不厚不良者，非大車文武常變之用；不渾不博者，非大才。惟大車為能輕天下之至重，邇天下之至遐，夷天下之至險。大才亦然。不然，安有重積於中而不敗於外哉？九二以中正之德、剛健之才，為大臣，任大事，當大安，危大治，亂而能無，往而或咎者，有大才如大車也。

前，三之應，五、四或間之，為未能遽達之象。」〔註206〕

人臣而居高位為公。公者，道德全備之稱。公則能以所有之盛，為天子之盛。蕃育人民，為王之屏翰；豐殖貨貨，待王之征輸。小人無德而居此，往往私其所有，不知公以奉上之道，故曰「小人弗克」。《象》又曰「害也」，覬富強而驕盈，恃盛大而滋橫，患斯及之。程《傳》所謂「是小人大有則為害，又大有為小人之害也」。「害」與「無交害」之「害」同。

九四：匪其彭，无咎。　《象》曰：「匪其彭，无咎」，明辯晢也。

述曰：九四過中，是大有盛時也。處其盛，則咎害隨之。故處之之道，「匪其彭」則得无咎。王《註》：「四剛履謙，專心奉上，諸陽並進，治極物豐，其盛且多，皆五之有也，己何有焉？有『匪其彭』之象，如是乃可以免咎矣。」「『彭』，本以鼓聲遠聞為義」，〔註207〕盛多之貌。「匪其彭」，自是臣子定分如此，非獨遇柔順之君，當然亦非為求免疑忌之故。「明辯晢也」，盛者，衰之漸；謙者，益之基。不敢以大有之極盛自居，不敢以大有之盈滿震主，由離明足以辯晢其幾也。〔註208〕「四居離之初，能明於初，故為『辯晢』。」〔註209〕

吳因之曰：「君臣尊卑之分、盈虛消息之理，人人都曉得。只是自家才望日隆，勳猷日著，不覺心滿便把這一段見解迷昧了。『明辯晢』者，當局不迷。」〔註210〕

六五：厥孚交如，威如，吉。　《象》曰「厥孚交如」，信以志也。「威如」之吉，易而無備也。

述曰：六五大有之君，離明而晦之以陰，虛中而執之以柔，心忱下下，而諸陽皆為其孚也。誠信所結，不約而自堅，有「厥孚交如」之象。柔德居尊，疑於無威，而五文明之德，下應乾剛。厥孚既交，德威自著，有「威如」之象。此其所以吉也。當大有之時，而上無威嚴，則玩蠱易生；處群剛之間，而獨用柔順，則主威不振。自古虛己任賢之君，往往以優游，不斷致積弱，故必「威

〔註206〕見熊過《周易象旨決錄》卷二《大有》。
〔註207〕見季本《易學四同》卷一《大有》。
〔註208〕章潢《周易象義》卷一《大有》：
　　　　《象》曰：「匪其彭，明辨晢也」，盛者，衰之漸；謙者，益之基。不敢以大有之極盛自居，不敢以大有之盈滿震主，由離明足以辨晢其機，所以无咎。
〔註209〕見項安世《周易玩辭》卷三《大有中爻》。
〔註210〕又見張振淵《周易說統》卷三《大有》。

如」，而後可以言吉。〔註211〕

王《註》：「居尊以柔，處大以中，無私於物，上下應之，信以發志，故其孚交如也。夫不私於物，物亦公焉；不疑於物，物亦誠焉。既公且信，何難何備？不言而教行，何為而不威如？為大有之主，而不以此道，吉可得乎？」

上交者，下之志；下交者，上之孚。五虛體有孚，故能信從之志而成上下之交，所謂善結無繩，約而不可解。易而有備，猶存億逆之心，確然其易，無所防備，自然道德之威，足畏民志，所謂不怒而威於鈇鉞者也。

《象旨》：「六五下應九二之剛，而得其助，故『威如』。侯果曰：『為卦之主，有威不用，唯行簡易，無所防備，物感其德，翻更畏威』，是也。然則有大者，可易而無備乎？曰非信以發志者，則必廢交相為用耳。」〔註212〕

吳因之曰：「『志』字正與《同人》卦『通天下之志』『志』字同，皆指本心之見真懇處而言，原是人人所同具，只有埋沒與見不同。而其埋沒、其見，彼又不得自主，惟顧上之能觸與否耳。」〔註213〕

上九：自天祐之，吉無不利。 《象》曰：大有上吉，自天祐也。

述曰：卦主五柔，上下應之。上九亦應五者也。《繫辭》「履信思順」之義，則五備矣。其曰「又以尚賢」者，正指此。與《大畜》「剛上而尚賢」意同。陽剛居上位，為五所尊尚，卦明有此象。當大有之極，能崇尚賢德為師傅之尊，以不臣之禮超然事外，則厥交之孚、文明之順至矣。是以「自天祐之」，祐五也。〔註214〕「吉無不利」，五之所以處有不盈而常保其有也。上者，天之位，故有「自天祐之」之象。《象旨》：「《彖傳》『上下應之』，陽多陰少，少者為主，故雖上稱應。」〔註215〕

〔註211〕此一節見張振淵《周易說統》卷三《大有》，稱「潘雪松曰」。其中，「下下」，《周易說統》作「下賢」。
〔註212〕見熊過《周易象旨決錄》卷二《大有》。
〔註213〕張振淵《周易說統》卷三《大有》：
　　吳因之曰：「『志』字正與《同人》卦『通天下之志』『志』字同，皆指本心之發見者言。真懇之心，原是人人所同具，只有埋沒與發見不同。其所以觸發其真心而使固結者，全在人主至誠之一念，而何可以偽妄參也？」
〔註214〕熊過《周易象旨決錄》卷二《大有》：「上者，天之位也。『自天祐之』，祐五也。」
〔註215〕熊過《周易象旨決錄》卷二《大有》：「所謂『柔得尊位而上下應之』者，陽多陰少，少者為主，故雖上稱應。」

趙汝楳曰：「九，陽也，在五之上，為天之象。五以下諸爻下應也，為人助之。五以上一爻上應也，為天祐之。天祐人助，宜六五吉無不利，斯其所以為大有歟？」〔註216〕「大有之上所以吉者，自天祐也。《大傳》曰：『祐者，助也。天之所助者，順也。』此釋六五柔順。『人之所助者，信也。』此釋『厥孚交如』。『履信思乎順，又以尚賢也』，則又以上為師傅之賢。蓋陽在君上，其象為天；賢在君上，其象為師傅。」〔註217〕

吳因之曰：「大有之勢，皆天所為。獨於此言『天祐』，何也？當大有未極天運，自宜隆盛，不見祐助。處今至上九，正天運將衰之候了，幸格天有道，而天以其祐德之心易其必然之運，宜衰而不衰宜。亂而不亂，故獨舉天心以明之。」〔註218〕

項安世曰：「《大有》之卦以六五為主。初之『無交害』，逸民也。上九在上，賓師也。二，大臣也，受大有之任，故為『載』。三，外臣也，奉大有之物以朝貢，故為『亨』。二中，故『无咎』。三不中，故『戒』。君子用亨，則為桓、文；小人弗克，則為曹、馬矣。四，近臣也，以柔自抑，不怙大有之寵，故為『匪其彭』。五離中虛，中孚為信，而上下應之，則其孚交矣。所慮者，居易無備，故必『威如乃吉』，欲其克自警畏也。」〔註219〕

項氏曰：「六五在本爻，但見其履信思順而已，至上九而後見其尚賢，故孔子曰『又以尚賢也』。蓋當大有之世，受群下之應，未足為大，群下已至，而又能尚賢，乃足以為大也。有群下易，有大賢難。武王必得箕子，而後為大有。不至此，不足以言大有之成也。故《大傳》以此為六五之全德，而《象》辭亦曰『大有上吉』，明事關全卦，非止上爻也。此猶《師》之上六論師之事，至此而終，其言『大君』，蓋指六五，非謂上六為大君也；《小畜》上九論畜之

〔註216〕見趙汝楳《周易輯聞》卷二《大有》。
〔註217〕見趙汝楳《周易輯聞》卷二《大有》。
〔註218〕又見張振淵《周易說統》卷三《大有》。
〔註219〕見項安世《周易玩辭》卷三《大有中爻》：
　　　　《大有》六五為主。初獨「無交」，逸民也。上在其上，賓師也。獨中爻三位為臣。二，大臣也，受大有之任，故為「載」；三，外臣也，奉大有之物以朝貢，故為「亨」；二以中，故「无咎」；三以不中，故「有戒」。君子用亨，則為威、文；小人弗克，則為曹、馬矣。四，近臣也，以柔自抑，不怙大有之寵，故為「匪其彭」。干寶云：「彭亨，盛滿貌也。」居寵思危，惟明者能之。四居離之初，能明於初，故為「辨皙」六五居離之中，有中孚之象，為信體柔，為順履信思順，而上下應之，則其孚交矣。所慮者，居易而忘備，故云「威如吉」，欲其自警畏也。

道，至此而成，稱月與婦，亦指六四，非謂上九為婦也。」〔註220〕「有必言大，明小能大，非本大也。猶《大畜》以陰畜陽，指陽為大也。」〔註221〕

謙☷☶艮下坤上

程《傳》：「為卦坤上艮下，地中有山也。地體卑下，山高大之物，而居地之下，謙之象也。以崇高之德，而處卑下，謙之義也。」

王《註》：「夫吉凶悔吝，生乎動者也。動之所起，興於利者也。故飲食必有訟，訟必有眾起，未有居眾人之所惡而為動者所害，處不競之地而為爭者所奪，是以六爻雖有失位，無應乘剛，而皆無凶咎吝者，以謙為主也。『謙尊而光，卑而不可踰』，信哉！」

謙：亨，君子有終。

《彖》曰：「謙，亨」，天道下濟而光明，地道卑而上行，天道虧盈而益謙，地道變盈而流謙，鬼神害盈而福謙，人道惡盈而好謙。謙尊而光，卑而不可踰，君子之終也。

述曰：《象旨》：「虞翻曰：『君子謂三。艮終萬物，有久於其道之象。』」〔註222〕鄭玄曰：「山體高，今在地下。其於人道，高能下下，謙之象也。謙者，自貶損以下人，惟艮之堅固、坤之厚順，乃能終之，故君子之人有終也。」〔註223〕

艮一陽即乾三爻。《乾》三以「君子」稱，《坤》三以「有終」稱，卦辭兼之。

謙為美德，由中而得，惟君子能焉。謙為令終，逾久而通，惟君子有焉。君子者卑己下人，自安於挹損，而並人己兩忘，一江河之能納，歸之下而終無溢亢也；讓功讓能，自處於不競，而並讓名不有，一太虛之能含斂之，而終靡盈虧也。功愈高，心愈下，碩膚有幾幾之安；德彌盛，禮彌恭，既耄有抑抑之戒；君子之有終也。

汝楳曰：「艮之陽止於上，有天之象。今在坤下，故曰下濟。天道陽明，地道陰晦，唯能下濟，故天光臨照，率土文明。地道雖卑，得行於上，皆一陽謙下之所致也。」〔註224〕章氏曰：「此明謙亨之義。天道指九三也。一陽在坤

〔註220〕見項安世《周易玩辭》卷三《大有上九》。

〔註221〕見項安世《周易玩辭》卷三《人字　大字》。

〔註222〕見熊過《周易象旨決錄》卷二《謙》。

〔註223〕虞翻、鄭玄之說並見李鼎祚《周易集解》卷四《謙》。

〔註224〕見趙汝楳《周易輯聞》卷二《謙》。

地之下，以為卦主，故云『下濟』。艮有光明之象。坤道指上三爻。坤本下，而今居艮之上，故云『上行』。艮陽在內，坤陰在外，天道垂光下濟，而地氣順之上行，陽降陰升，品物露生，此謙之所以亨也。」〔註225〕汝楳曰：「天主氣，陰陽代謝，盛者衰，衰者盛，天之虧益也。地主形，山有時而隤，水無有不下，地之變流也。鬼瞰高明，神與正直，驕則人叛，不伐者不爭。人鬼之福害好惡，亦莫不然。」〔註226〕陽在上本尊，三位賤，故卑。「謙尊而光」，艮有光也。「卑而不可踰」，艮之光明出乎陰之上也。是「君子之終也」，言君子能終其謙之善而又獲謙之福也。彭山曰：「君子有陽剛之德者，以九三言。三以陽剛親下於坤，『謙尊』也，故謂其卑。三為成卦之主，非此不得為謙也。」〔註227〕

吳因之曰：「造化人事，從不相離。未有造化之所棄而為人之所歸者，亦未有人之所歸而非造化之所與者。人精神一動，天地臨之，鬼神鑒之。其盈其謙，冥冥之中，自有予奪。人能謙，是天之所益，地之所流，鬼神之所福，人道之所好。其『有終』，宜矣。」

紫溪曰：「謙與盈相反，盈者必虧必變，不能保其終。君子之終，便如造化成始成終一般，非先屈後伸之謂也。」〔註228〕

《象》曰：地中有山，謙。君子以裒多益寡，稱物平施。

述曰：劉表曰：「地中有山，以高下下，故曰謙。謙之為道，降己升人。山本地上，今居地中，亦降體之義，故為謙象。謙者，持盈之道。」〔註229〕紫溪曰：「『裒多益寡』是就心上劑量人心，知人與己等則謙，但知有己則盈。凡下人之心寡，上人之心多，正為己心重耳。裒是全然損盡，益是只管崇起。損得上人之心盡，便渾是下人之心。人己平等，乃謂之平。稱猶權之稱物。稱

〔註225〕章潢《周易象義》卷二《謙》：

《象》曰「謙亨」，何以言之？天道下濟而光明，地道卑而上行。天道指九三也。一陽在坤卦之下，以為卦主，故云「下濟」。艮有光明之象。地道指上三爻。坤本下，而今居艮之上，故云「上行」。艮陽在內，坤陰在外，天德潛光下濟，而地氣順之上升，陽降陰升，品物露生，此謙之所以亨歟？

〔註226〕見趙汝楳《周易輯聞》卷二《謙》。

〔註227〕見季本《易學四同》卷三《象象爻上傳》。

〔註228〕見蘇濬《生生篇·謙》：

謙與盈相反。盈者，有而有；源者，有而無。有而自以為有者，有其始，不能保其終，到底無結果。有而若無者，有其始，亦成其終，到底有結果。君子之終，便如造化成始成終般，非先屈後信之謂也。

〔註229〕見李鼎祚《周易集解》卷四《謙》。

有低昂，無低昂心；稱有輕重，無輕重心。歸於平焉耳。」吳因之曰：「多的衰損下來，雖善蓋天下，視之若無；雖身處人上，常居下體。寡的增益起來，雖一才一藝，不敢輕忽；雖瘝寡孤獨，不敢狎侮。『衰多益寡』便是謙，『稱物平施』便是『衰多益寡』。」〔註230〕殷士望〔註231〕曰：「君子有終，終於平也。」

初六：謙謙君子，用涉大川，吉。　《象》曰：「謙謙君子」，卑以自牧也。

述曰：荀爽曰：「初最下，為謙。二陰承陽，亦為謙。故曰『謙謙』。二陰一陽成體，故曰『君子』。」〔註232〕《象旨》：「稱『自牧』，養以待用之謂。艮，止之象也。」〔註233〕彭山曰：「『用』者，用此爻之義，以涉大川也。涉川不可以爭先，爭先則急於進而有患。以至謙之道涉川，則無所云而可安也。六而居下，非利涉之才，故不言利而言用耳。吉以心安言。」〔註234〕

《象》曰「自牧」，卑損之至，血氣自平，內心自寧，如牧養者，使之不暴而時馴擾之之謂。〔註235〕質卿曰：「卑，地道也。謙謙，卑法地。虛懷抑志，以自養其性靈，自有利用安身之妙也。」

六二：鳴謙，貞吉。　《象》曰：「鳴謙貞吉」，中心得也。

述曰：二柔正位，處下體之中，其謙也根諸心，得之性，篤以不掩，暢於聲音，發於詞旨，為「鳴謙」。居中得正，有中正之德也，故云「貞吉」。凡貞吉，有為貞且吉者，有為得貞則吉者。六二之貞吉，所自有也，乃中心所自得，非勉為之，故不覺發之於外耳。〔註236〕

〔註230〕見蘇濬《生生篇・謙》：

「衰多益寡」是就心源理欲上劑量多寡。謙是天理用事，盈是人慾用事。天理之分數寡，故下人之心常失之寡；人慾之分數多，故上人之心常失之多。去了一分人慾，便增了一分天理；去了下人之心，便增了上人之心。衰之，固所以為益也。「稱物平施」，從自己心上平，非從物上平也。人而盈滿，則有低昂心，有輕重心，視物我若相懸絕，而何以能平？人而謙，則無低昂心，無輕重心，視物我若一體，而何所不平？君子絜矩平天下，不過此心平之而已。

〔註231〕殷士望，嘉靖時人。傳見《明史》卷二百九十七《孝義列傳二》。

〔註232〕見李鼎祚《周易集解》卷四《謙》。

〔註233〕見熊過《周易象旨決錄》卷二《謙》。

〔註234〕見季本《易學四同》卷一《謙》。

〔註235〕朱長文《易經解・謙》：「卑損之至，血氣自平，如牧養之道，用以調服其心也。」

〔註236〕程《傳》：

二以柔順居中，是為謙德積於中。謙德充積於中，故發於外，見於聲音顏色，故曰「鳴謙」。居中得正，有中正之德也，故云「貞吉」。凡貞吉有為貞且吉者，有為得貞則吉者。六二之貞吉，所自有也。

二之謙德，由至誠積於中，所以發於聲音，中心所自得也，非勉為之也。

位以德躋，德以位表。二以柔順之德，居大臣之位，而能虛心諮善，卑己受益，以盡謙之道。如禹拜皋陶之謨曰「師汝昌言」，拜益班師之言曰「俞」，皆鳴謙也。非中心之自得，鮮不以貴位而移矣。又如孔明相蜀，教府屬令，勤攻吾闕，不難違覆，此亦鳴謙之意。〔註237〕

《象旨》：卦主九三，六二承之，相親相得，樂而鳴也。〔註238〕《豫》初六應九四曰「鳴豫」。「鳴豫則凶，鳴謙則吉」〔註239〕，以言乎陽唱陰和則同。上六應三，亦曰「鳴謙」。〔註240〕「得者，德也。謙者，心德也。鳴謙嫌於外飾，故表之曰『中心得』。」〔註241〕蘇氏曰：「鳴以言其和於三，貞以見其出於誠也。」〔註242〕《中孚》鶴鳴子和，《象》曰「中心願也」，與此同。

九三：勞謙君子，有終吉。　《象》曰：「勞謙君子」，萬民服也。

述曰：王《註》：「處下體之極，履得其位，上下無陽，以分其民，眾陰所宗，尊莫先焉。居謙之世，何可安尊，上承下接，勞謙匪懈，是以吉也。」孔《疏》：「『萬民服也』釋所以勞謙之義。以上下群陰，象萬民皆來歸服，事須接引，勞謙匪懈也。」〔註243〕周公當上下歸服之時，明保沖人，勤勞王家，整齊百工，吐握下士，可謂「勞謙」。彭山曰：「此謂『謙尊而光，卑而不可踰』，德之可久者，故曰『有終』。」〔註244〕

薛溫其曰：「居上下之際，接兩體焉，非勞不可，亦『乾乾』之義也。」〔註245〕

〔註237〕楊萬里《誠齋易傳》卷五《謙》：

> 位以德躋，德以位衰。二以柔順之德，若大臣之位，此君子所甚懼也，是故號鳴諮詢，以講求謙之道。鳴者，講求之切也。柔順謙之資，講習謙之學，所以謙而正，正而吉也。非中心之自得，鮮不為貴位所移矣。此禹拜「昌言」之謙。

〔註238〕趙汝楳《周易輯聞》卷二《謙》：「九三乃成卦之主，六二比而承之，求友之鳴，樂而鳴也。」

〔註239〕見楊萬里《誠齋易傳》卷五《謙》。

〔註240〕趙汝楳《周易輯聞》卷二《謙》：「上六應於九三，故亦曰『鳴謙』。」

〔註241〕熊過《周易象旨決錄》卷二《謙》：

> 朱先生曰：「謙極有聞，是謙鳴而非鳴謙矣。得者，德也。謙者，心德也。謙之鳴，嫌於外飾，故表之曰『中心得』。積中發外，豈但聲音笑貌哉？」

〔註242〕見蘇軾《東坡易傳》卷二《謙》。

〔註243〕「勞謙匪懈也」，孔《疏》作「故疲勞也」。

〔註244〕季本《易學四同》卷一《謙》：「故『尊而光，卑不可踰』，而人心敬服，德之可久者也，故曰『有終』。」

〔註245〕見李衡《周易義海撮要》卷二《謙》。

楊氏曰：「六，謙德也，而三則以九居之。夫成天下之功，非剛明之才不能也。一陽立群陰之中，上倚而下歸，曰『萬民服』。」〔註246〕《象旨》：「蘇氏曰：『艮之制在三，而親以艮下坤，故曰勞謙。』九三居艮之終，故以《彖詞》『君子』屬之。」〔註247〕

伯子曰：「乾惕也者，勞之本也；含章也者，謙之原也。在《乾》三曰『君子』，《坤》三曰『有終』，而《謙》之九三兼之。」

六四：無不利，撝謙。　《象》曰：「無不利，撝謙」，不違則也。

述曰：王《註》：「處三之上而用謙焉，則是自上下下之象也。承五而用謙順，則是上行之道也。盡乎奉上下下之道，故無不利。指撝皆謙，不違法則也。」仲虎曰：「四，多懼之地。下乘功臣，非利也；上近於君，非利也。今而上下皆謙，四又柔而得正，上而能下，故『無不利』。」〔註248〕「撝謙」，《說文》云：「撝，裂也。」又如人手之撝。撝去其謙，自不違則。則者，以柔居柔之則也。初「自牧」以下人，三致恭以存位，六四「無不利，撝謙」。蓋謙德既成，謙光彌著，自然幾幾，自然抑抑，自然休休，有容故不違則也，非謂更當揮其謙也。

四何以能「無不利，撝謙」？艮止之上，而加之以厚；坤順之下，而居之以柔。得《謙》內外二體之全者，四也。

〔註246〕胡廣《周易大全》卷六《謙》：

　　楊氏曰：「夫六，謙德也，而三則以九居之。何邪？曰：所以成天下之功者，非剛明之才不可也。今三以剛明之才，上為君所任，下為眾所倚信，勞而有功矣。然勞而不伐，有功而不德，此君子恭以存其位之道也，故獲有終之吉。」

　　按：潘氏所謂楊氏，即楊萬里。檢《誠齋易傳》，實無此語。

王宗傳《童溪易傳》卷八《謙》：

　　《謙》之成卦，在此一爻也，故卦之德曰「君子有終」，而九三實當之。夫謙以六為謙德也，而三則以九居之，獨何歟？曰：所以成天下之功者，非剛明之才不可故也。然以九居三，剛勝而過中也。何以知其勞而能謙歟？曰：三實艮體，而止諸坤順之下，所謂蘊其崇高於卑下之地，其在象則地中有山故也。夫以剛明之才，居下位之上，上為君所任，下為眾所從信，有勞矣。勞而不伐，有功而不德，此君子致恭以存其位之道也，故獲有終之吉。

　　故《周易大全》引書有誤。潘氏當是據《周易大全》而引。

〔註247〕熊過《周易象旨決錄》卷二《謙》：「九三居艮之終，故以《象辭》『君子有終』屬之。」

〔註248〕見胡炳文《周易本義通釋》卷一《謙》。

六五：不富以其鄰，利用侵伐，無不利。　《象》曰：「利用侵伐」，征不服也。

述曰：陸氏曰：「以陰居中，謙而不盈，是尊而不富也。」〔註249〕「不富」，形容其陰虛。六五柔中虛體，不以富有之盛自居，為人君而持謙順，天下所歸心也，故不富而能用其鄰也。富者，眾之所歸。唯富乃能用其人。今不富而能用鄰，則謙之至也。〔註250〕「以謙順而侵伐，所伐皆驕逆也」，〔註251〕故曰『利用侵伐』。

彭山曰：「謙沖之主，亦不廢討叛之師。柔而能剛，是謂得中，所以『無不利』。」〔註252〕程《傳》：「『征不服也』，征其文德，謙巽所不能服者也。文德所不能服而不用威武，何以平治天下？非人君之中道，謙過其則者也。」〔註253〕

王介甫曰：「得尊位而無應，故有『征不服』之詞。」〔註254〕

敬仲曰：「謙，德之柄也，言謙之足以用人也。謙者，天地之所益，鬼神之所福，人之所好施。謙即能用人人樂為之用。而況於六五居君位而謙，六柔，坤本又柔，而謙之至乎！故不必富而自能以其鄰者，以人君而至謙，足以深得人之心也。有君如此，天下所咸服。而有不服焉，天下之所共怒。以咸服之人攻所共怒者，其利孰禦？」〔註255〕

張氏曰：「『用兵之道，當先至境侵責之，不服乃伐之。今日至，便以今日伐之，故曰以起其暴也。』」〔註256〕《周禮·大司馬》：『以九伐之法正邦國，賊賢害民則伐之，負固不服則侵之。』『侵，淺事也，侵蔡而蔡潰，以桓公為知所侵也，不土其地，不分其民，明正也。』〔註257〕『征伐之道，不過用兵，服則可以退，不服則可以進。』〔註258〕觀此乃知《謙》五『利用侵伐』之義。舜之格有苗，文王之降崇，皆用謙德。」〔註259〕

〔註249〕見李衡《周易義海撮要》卷二《謙》。

〔註250〕程《傳》：「富者，眾之所歸。唯財為能聚人，五以君位之尊，而執謙順以接於下，眾所歸也，故不以富而能有其鄰也。鄰，近也，不富而得人之親也。為人君而持謙順，天下所歸心也。」

〔註251〕王《注》。

〔註252〕季本《易學四同》未見此語，俟考。

〔註253〕「謙過其則者也」，程《傳》作「謙之過也」。

〔註254〕見李衡《周易義海撮要》卷二《謙》。

〔註255〕見楊簡《楊氏易傳》卷七《謙》。

〔註256〕《公羊傳·莊公二十八年》注。

〔註257〕《穀梁傳·僖公四年》注。

〔註258〕《公羊傳·桓公七年》注。

〔註259〕張振淵《周易說統》卷三《謙》：

上六：鳴謙，利用行師征邑國。　《象》曰：「鳴謙」，志未得也，可用行師征邑國也。

述曰：敬仲曰：「上六居一卦之外，有鳴謙於外，不由中之象。謙不由中，其志未得也。夫不以中心與人，而外為鳴謙，人所不服也，所不應也。」〔註260〕曰「可用行師征邑國」，《易傳》曰：「邑國，己之私有。謂用剛武攻治己私之意。」〔註261〕紫溪曰：「一念之私，甚於外寇。克己之功，如用師克。所以為謙之善也。」〔註262〕

當謙之時，上以柔居柔，與三為應，陽倡而陰和，故「鳴謙」，與二同。以其居高不中，非安于謙者，特以勞謙其配而貌應之，與六二自得於心者不同，故象曰「志未得也」。〔註263〕謙，「用涉大川」，「利用侵伐」，涉險行師，皆其能事。上六名在于謙，實則不足利用行師征邑國已焉。故謙欲其自得之也。謙豈易言哉！章氏曰：「五、上皆坤體，坤為眾為順，故象行師；坤土，故象邑國。」〔註264〕

豫 ䷏ 坤下震上

程《傳》：「豫者，和樂之義。為卦震上坤下，順動之象。動而和順，是以豫也。九四為動之主，上下群陰所共應也。坤又承之以順，是以動而上下順應，故為和豫之義。」

汝吉曰：「《彖》通全體，以所樂樂人，公物之道也，無不利矣。爻止一節，

彥陵氏曰：「吾有謙德，而彼自不服，彼自犯人道之所惡、造物之所忌，吾之所以不能已於征者。蓋人主合天下以成其譙，而有一人焉譙德所不能服，不得不用侵伐以征之，侵伐正所以成其謙也，舜之格有苗，文王之降崇，皆是謙德。」

按：末句和潘氏所引相同，則潘氏所謂「張氏」，或即張彥陵。

〔註260〕見楊簡《楊氏易傳》卷七《謙》。

〔註261〕程《傳》：「『邑國』，己之私有。『行師』謂用剛武，『征邑國』謂自治其私。」

〔註262〕見蘇濬《生生篇·謙》。

〔註263〕趙汝楳《周易輯聞》卷二《謙》：

當謙之時，上以柔居柔，與三為應，宜能謙者。乃位居極上，未能遂其謙下之志，故曰「志未得也」。

蘇軾《東坡易傳》卷二《謙》：

其為「鳴謙」一也。六二自得於心，而上六「志未得」者，以其所居非安于謙者也。特以其配之勞謙而強應焉，貌謙而實不至，則所服者寡矣。

〔註264〕見章潢《周易象義》卷二《謙》。

以所樂樂身，私已之欲也，故凶、悔、吝，且疾焉。吉一而已，可懼也夫？」

質卿曰：「豫者，陽氣也。試觀積陰之後，皎日一出，則人心和暢；隆冬之後，陽春一布，則萬象融和。此豫義也。若夫人心得意而欣，乍合而喜，宴樂而歡娛，皆一人之私情，不名為豫卦。坤震相合，雷出地上，陽氣和暢，眾心皆豫，故以豫名卦。」

豫：利建侯行師。

《彖》曰：「豫，剛應而志行，順以動，豫。豫順以動，故天地如之，而況建侯行師乎！天地以順動，故日月不過而四時不忒；聖人以順動，則刑罰清而民服。豫之時義大矣哉！」

述曰：《象旨》：「《九家易》曰：『震為建侯，坤為行師。』蓋震長子，主器。又雷震驚百里，一同古分壤之則。《說卦傳》：『坤為眾。』四互坎險，以一陽統眾陰，即師象也。《國語》稱『居樂出威』，得〔註265〕之。吳幼清指『坤為震侯國，震為坤眾帥』也。」〔註266〕章氏曰：「豫坤順震動，順在動之先也。惟震動於坤之上，故利建侯，以主萬民。惟坤順於震之下，故利行師以動大眾。斯二者，非人心之豫順和樂不能也。」〔註267〕

《象旨》：「四主眾陰，成卦之主。不曰上下應而曰『剛應』，何也？豫有君弱臣強之嫌，且非五應，亦不得行其志也。聖人明微，據實為之辭。曰剛柔云耳，五柔四剛也。」〔註268〕

程《傳》：「『剛應』謂四為群陰所應，剛得眾應也。『志行』為陽志上行，動而上下順從，其志得行也。『順以動，豫』，震動而坤順為動而順理，順理而動又為動，而眾順所以豫也。」

吳因之曰：「說了『豫順以動』，就該貼上『建侯行師』。聖人因見得順動道理大，不獨感動人心，便有感動天地意思在，故言『天地如之』。『建侯行師』在人事固為大者，然以天地觀之，又其小者矣。順動『動』字不但動之禮樂刑政，即獨知萌動，皆是喜怒哀樂未發之時，已先有順底根原了，所以能合三才而一〔註269〕之。上下文順動皆然。」

〔註265〕「得」，《周易象旨決錄》作「德」。
〔註266〕見熊過《周易象旨決錄》卷二《豫》。
〔註267〕見章潢《周易象義》卷二《豫》。
〔註268〕見熊過《周易象旨決錄》卷二《豫》。
〔註269〕「一」，四庫本小字注「閼」。

汝吉曰：「夫順動，天地之道也，以運日月而行四時，溫涼燠寒之節應焉，萬物太和矣。聖人之順動，亦天地之順動也。以同民心而出治道，省刑慎罰之政成焉，萬民太和矣。日月過而四時乖，刑罰繁而民風衰，將能豫乎？故豫順之道大也。天地萬物一體也。說『豫順以動』，則刑清民服在其中。說『天地如之』，『日月不過』、『四時不忒』在其中，非有所加。」理齋曰：「氣運周流，不乖其候。愛憎取捨，不狥其私。天地，聖人之順動也。南陸北陸，一寒一暑，刑罰不繁，民心歸化，和樂之應也，極於天地聖人，而和樂之應，必以順動致之，其時義大矣哉！」項氏《玩辭》曰：「《豫》、《隨》、《姤》、《旅》，若淺事而有深意，曰『時義大矣哉』，欲人之思之也。《坎》之險難，《睽》之乖異，《蹇》之跋涉，皆非美事，有時或用之，故曰『時用大矣哉』，欲人之別之也。《頤》、《大過》、《解》、《革》皆大事大變，故曰『時大矣哉』，欲人之謹之也。」〔註270〕

天地人感應之理，總是自然而然。人之一身，觸頭則尾應，觸手則足應。一體受病，渾身不樂。何也？其血脈貫也。宇宙間只一箇太極，天地與我大家在這裡出來。一根一派，畫為三才，與人身百體總為一脈，何異？然則人一呼一吸，一喘一息，如何不與天下相呼應。故匹婦含冤，三年不雨；一夫懷忿，六月飛霜。人哀亦哀，人怒亦怒。哀怒如此，喜樂可知。齊民如此，天子可知。故其順其逆，無不如之。此係實事，非獨論理。〔註271〕

《象》曰：雷出地奮，豫。先王以作樂崇德，殷薦之上帝，以配祖考。

述曰：趙汝楳曰：「雷，陽氣，漸萌地中，順時而動，則出地奮震也。冬令雖謝，春陽未融。及二月震雷聲，則寒沍渙釋，品物無不和暢，故為豫。」〔註272〕程《傳》：「先王觀雷出地奮，和暢於聲之象。作聲樂以宣崇盛德，其殷盛至於薦之上帝，推配之以祖考。殷，盛也。禮有殷奠、殷薦，樂亦以殷薦，為極盛。」《象旨》：「《易·繫》：『帝出乎震。』震在上，上帝之象。互艮為門

〔註270〕見項安世《周易玩辭》卷四《時義時用》。

〔註271〕此一節又見張振淵《周易說統》卷三《豫》，稱「吳因之曰」。

〔註272〕趙汝楳《周易輯聞》卷二《豫》：

　　震為雷，坤為地，雷非有物也。當其未發，則伏於地中。及順時而動，則奮出於地，有震在坤上之象。人皆知雷之為怒，不知雷之為和。冬令雖謝，春陽未融。及二月，震雷發聲，則寒沍渙釋，品物無不和暢。

另，程《傳》：

　　雷者，陽氣奮發，陰陽相薄而成聲也。陽始潛閉地中，及其動，則出地奮震也。始閉鬱，及奮發，則通暢和豫。故為豫也。

闕，互坎為隱伏，有宗廟祖考之象。」〔註273〕

　　雷出地奮，蓋天地自然之氣，所以萬物之生意者在是，和之〔註274〕至也。先王作樂，一則象其出地之聲，一則取其和豫之義。〔註275〕《記》曰：樂行而德尊，樂以和心，則耳目聰明，血氣和平，欲消躁釋，而德登於熙明。夫豫，德之和也。豫而怠，德之隳也。作樂以振德，使天機動盪鼓舞而不倦，所謂崇德也，〔註276〕而後可以薦上帝，歆祖考。吳因之曰：「聖人制禮，何嘗法天澤？作樂，何嘗法雷震？但以其相似故云。聖人從不曾有，一件要比擬；天地所以無，一件不相似。」

初六：鳴豫，凶。　　《象》曰：「初六鳴豫」，志窮凶也。

　　述曰：《象旨》：「初陰柔，居豫初，失位不正。志安夫豫，又有震由豫，權臣之應。震為善鳴，而初和之，故為鳴豫之象，蓋不勝其有矣。其凶以盈滿也。卦初非窮地，故以志表之。」〔註277〕

　　蘇氏曰：「豫之所以為豫者，四也。而初和之，故曰『鳴』。」〔註278〕「志窮」，質卿曰：「人之不可測量者，惟此志在初而鳴其豫，志不遠矣。以應之，故不勝其樂。志窮於是，安得不凶？」

六二：介於石，不終日，貞吉。　　《象》曰：「不終日，貞吉」，以中正也。

　　述曰：六二以陰居陰，居中得正，當豫之時，初與四應，三與四比，惟二以中正自守，無所附麗，有「介於石」之象。其德安靜而堅確，故其思慮明審，幾之先見，立起而圖之，有「不終日」之象。夫豫之溺人，非汩沒而不知也，

〔註273〕見熊過《周易象旨決錄》卷二《豫》。
　　　　按：早見於俞琰《周易集說》卷十一《彖辭一》。
〔註274〕「和之」，四庫本小字注「闕」。
〔註275〕蔡清《易經蒙引》卷三上《豫》：
　　　　雷始伏聲於地，及出地而奮，則所以鼓天地之和氣，而發萬物之生意者在是矣，和之至也，故有豫之象。
　　　　林希元《易經存疑》卷三《豫》：
　　　　雷始伏聲於地，及出地而奮震，則所以鼓天地之和氣，而發萬物之生意者在是，和之至也，故有豫之象。先生作樂，一則象其出地之聲，一則取其至和之義。
〔註276〕季本《易學四同》卷三《豫》：
　　　　蓋豫，德之和也。但豫之時，易於怠弛，故作樂以振德之，使其心常和，所謂崇德也。
〔註277〕見熊過《周易象旨決錄》卷二《豫》。
〔註278〕見蘇軾《東坡易傳》卷二《豫》。

以不能定之於始耳。平居之豫，其介如石；臨事之豫，不俟終日。是謂得正而吉。〔註279〕王《註》：「處豫之時，得位履中，安夫貞正，不求苟豫者也。順不苟從，豫不違中，是以『上交不諂，下交不瀆』。明禍福之所生，故不苟說；辨必然之理，故不改其操。介如石焉，『不終日』明矣。」

敬仲曰：「六陰，二又陰。陰，靜也。有至靜不動之象。不為悅豫所動，不為動所亂。」中心無為以守〔註280〕至正，自無所不照。「動雖幾微，已知吉凶之判矣。」〔註281〕《繫辭》所謂「吉之先見」是也。

《象旨》：「四互艮為石，則二為艮始。介，《說文》云：「分疆也。」凡物兩間為介，介所以分也。初應於四者，二與之介，『下交不瀆』也。四為權臣，而三比之，二以重陰性靜，不待至三，能早疏由豫之交，『上交不諂』也。」〔註282〕

六三：盱豫悔，遲有悔。　《象》曰：「盱豫」有悔，位不當也。

述曰：六三以陰居陽，不中不正，上承動豫之主，進而上視，有喜慕其豫之意。三，陽也，悔其不容已於心也。陰體遲疑，不能早決，淹於事會猶豫。已比其及也，能無悔乎？故知見幾在於素定，而悔過在震也。

周宴曰：「『盱豫』與『介石』相反，『遲』與『不終日』相反，中正不中正、當位不當位故耳。」〔註283〕《象旨》：「以其居順極，而又互艮之中，故知所悔。然以陰居陽，不能帥志窒欲，至於遲豫，又有所悔也。蓋不可與立矣。」〔註284〕

九四：由豫，大有得。勿疑，朋盍簪。　《象》曰：「由豫，大有得」，志大行也。

述曰：王《註》：「處豫之時，居動之始，獨體陽爻，眾陰所從，莫不由之，

〔註279〕朱熹《本義》：
　　　易以溺人，溺則反而憂矣。卦獨此爻，中而得正，是上下皆溺於豫，而
　　　獨能以中正自守，其介如石也。其德安靜而堅確，故其思慮明審，不俟終日，
　　　而見凡事之幾微也。
〔註280〕「守」，四庫本小字注「闕」。
〔註281〕見楊簡《楊氏易傳》卷七《豫》。「中心無為以守至正」，《楊氏易傳》作「則尤清明之至性」。
〔註282〕見熊過《周易象旨決錄》卷二《豫》。
〔註283〕胡炳文《周易本義通釋》卷一《豫》：
　　　《本義》於二曰中而得正，於三曰陰不中正，故「盱豫」與「介於石」
　　　相反，「遲」與「不終日」相反，中正與不中正故也。
〔註284〕見熊過《周易象旨決錄》卷二《豫》。

以得其豫，故曰『由豫，大有得也』。夫不信於物，物亦疑焉，故『勿疑』則『朋盍簪』也。」虞翻曰：「由，自，從也。」〔註285〕震體乘下，順而動，動而眾順，〔註286〕故「大有得」。「盍，合也。坤為盍。盍，聚會也。」〔註287〕坤以眾順，故朋盍簪。《象旨》：「『大有得』者，一剛之得五柔。『朋盍簪』者，五柔之合一剛。『志大行』者，剛應而無他爻以分其權也。以其樂與人同，存心於天下之所為也。」〔註288〕

程《傳》：「四居大臣之位，承柔弱之君，而當天下之任，危疑之地也。獨當上之倚任，而下無同德之助，所以疑也。夫欲上下之信，唯至誠而已。苟盡其至誠，則何患乎其無助也？」故示之「勿疑」。汝吉曰：「以其豫豫天下，以其『由豫』者，公天下而不疑也。朋其來乎？如簪斯合矣。五陰朋聚，我以一陽貫之於中，如括髮橫簪，而有『朋盍簪』之象。」

爻本豫主，而乘應皆邪，二獨貞。貞者難致，邪者易昵。昵者聚而難，致者望而不至。夫惟開載布公者，不以樂己而附，不以守貞而違。權在己，應在人，而無己私之與焉，則吾朋其有不同者乎！

六五：貞疾，恒不死。　《象》曰：「六五貞疾」，乘剛也。「恒不死」，中未亡也。

述曰：疾者，對豫而言。當豫之時，四陽震動於下，專權執勢，而五乘之。五居正位，不能不賴九四之「由豫」。豫不自由，在我常若不豫者，故曰「貞疾」也。以正自守，不可動，亦不復安，豫之象。「所以『恒不死』者，柔得中而無太過，雖為陽剛所迫，猶能以貞自全也。」〔註289〕

蘇氏曰：「二與五皆貞者也。貞者不志於利，故皆不得以豫名之。其貞同，其所以為貞者異。故二得吉，五以得疾也。二之貞，非固欲不從四也，可則

〔註285〕見李鼎祚《周易集解》卷四《豫》。
〔註286〕程《傳》：「順以動豫，震動而坤順為動而順理，順理而動，又為動而眾順，所以豫也。」
〔註287〕虞翻注。
〔註288〕見熊過《周易象旨決錄》卷二《豫》。
〔註289〕熊過《周易象旨決錄》卷二《豫》
　　　　俞氏曰：「所以『恒不死』者，柔得中而無大過，雖為陽剛所逼，猶存虛位，蓋未亡也。」
　　　　按：俞琰《周易集說》卷二十一《爻傳二》：
　　　　　　所以「恒不死」者，柔得中而無大豫，雖為剛陽所逼，猶有虛位存焉，蓋未亡也。

進，否則退。其吉也，不亦宜乎！五之於四也，其質則陰，其居則陽也。質陰則力莫能較，居陽則有不服之心焉。夫力莫能較而有不服之心，則其貞足以為疾而已。三豫者，皆內喪其守而外求豫者也，故小者悔吝，大者凶。六五之貞，雖以為疾，而其中之所守者未亡，則恒至於不死。君子是以知貞之可恃也。」〔註290〕

　　凡國有強臣權相，君必不能自安。其過於柔弱與本柔而躁動，必不勝，皆得死。六五得中，故「恒不死」。

上六：冥豫，成有渝，无咎。　《象》曰：「冥豫」在上，何可長也！

　　述曰：《象旨》：「上以陰柔居豫極，迷而忘返。五柔同豫，如結成之象。」〔註291〕「然極則必變，且震動之終，不容不改，故冥豫雖成，又為有渝之象。」〔註292〕理齋曰：「冥者，陰柔。渝者，動體也。渝以補過，震无咎也。『何可長』者，自其不渝言之也。」章氏曰：「『初六：鳴豫』，即曰『凶』；『上六：冥豫，成有渝』，乃曰『无咎』。初坤上震，才固不同，而渝則能改過矣，夫何咎？即此可見始雖微，不可不慎；終雖成，尚可改圖。」〔註293〕

　　仲虎曰：「卦辭只一『豫』字，而爻之言豫者不同。初六、上六，逸豫也；六二，幾先之豫也；六三之遲，猶豫也；九四，和豫也；六五之疾，弗豫也。卦辭主九四，曰『剛應而志行』，是以德言。至於爻辭，則九四以勢位言。六三以其有勢位之可慕，故上視之以為豫；初六以其勢位可以為強援，故應之以為豫。且不勝其豫，而以自鳴。」〔註294〕

　　《紀聞》曰：「『初鳴豫即斷之以凶，甚於初者，所以遏其惡。上冥豫則開之以无咎，恕於終者，所以啟其善。』〔註295〕『冥，暗也，與《升》上六之冥同。』〔註296〕『一陽止於坤之下，故《謙》之三有不伐之美；一陽動於坤之上，故《豫》之四有近逼之嫌。《比》五剛君，故比者吉而後者凶；《豫》四強臣，故宗者吝而介者吉。』〔註297〕『鳴謙則吉，鳴豫則凶。謙可鳴，豫不

〔註290〕見蘇軾《東坡易傳》卷二《豫》。
〔註291〕見熊過《周易象旨決錄》卷二《豫》。
〔註292〕見章潢《周易象義》卷二《豫》。
〔註293〕按：章潢《周易象義》未見此語。
〔註294〕見胡炳文《周易本義通釋》卷一《豫》。
〔註295〕胡炳文《周易本義通釋》卷一《豫》。《讀易紀聞》引之而不言。
〔註296〕俞琰《周易集說》卷三《豫》。《讀易紀聞》引之而不言。
〔註297〕崔銑《讀易餘言》卷一《豫》。《讀易紀聞》引之而不言。

可鳴也。』〔註298〕」〔註299〕

　　易者，言變易也。「渝安貞」、「官有渝」、「成有渝」，無弗得善，蓋善用《易》也。「成有渝」，所謂「彼將惡始而美終以晚蓋者也」。「成有渝」，變之於其終；「官有渝」，變之於其始。上之渝可以「介於石」矣，初之渝可以「繫丈夫」矣。

[註298] 楊萬里《誠齋易傳》卷五《豫》。《讀易紀聞》引之而不言。
[註299] 見張獻翼《讀易紀聞》卷二《豫》。
　　另，楊萬里《誠齋易傳》卷五《豫》：「鳴謙則吉，鳴豫則凶，何也？謙可鳴也，豫不可鳴也。」